Jonathan Byron's

DIE WELT IN 60 MINUTEN

ULRICH HOFFMANN

TEENIES VERSTEHEN

in 60 Minuten

THIELE VERLAG

Inhalt

Intro – Willkommen in der Wirklichkeit

Über die ganz kleinen Kinder freuen sich noch alle. Hei-dei-dei und duzi-duzi. Außer wenn sie schreien natürlich, dann reicht man sie flugs an die Mama zurück. Doch selbst wenn das Baby der besten Freundin krötenhaft hässlich ist, säuseln doch alle: »Wie süß, ganz der Papa!«

Nach ein paar Wochen, Monaten oder Jahren – spätestens im Kindergartenalter – geht es schon handfester zur Sache. Nach einem ganzen Tag Trotzphase, »Räum dein Zimmer auf« und »Hände waschen nicht vergessen« greifen viele Eltern auch heute noch verzweifelt zu Hardcore-Ratgebern der Marke *Jedes Kind kann schlafen lernen.* Der Lack ist ab: Das Kind hat nicht zu schlafen, wenn es müde ist, sondern wenn im Kinderstundenplan »Zubettgehen« steht, verdammt noch mal – auch, weil die stets superengagierten Eltern ja noch ein wenig Zeit zu zweit verbringen wollen, oder wenigstens selbst schlafen.

Außerdem ist Gehorsam eine Tugend, die spätestens in Beruf, Schule und den meisten Kindergärten benötigt wird. Was soll aus dem Kind später werden, wenn es jetzt schon nicht hört und einfach aufbleibt, obwohl Schlafenszeit ist?

Mir erscheint der Vorschlag, das Kind bis zum Erreichen des Lernziels allein vor sich hin schreien zu lassen – wenn auch unter engmaschiger Kontrolle –, mittlerweile reichlich unbegreiflich. Das liegt vor allem daran, dass ich selbst noch meinem ersten Kind auf diese Weise »beigebracht« habe, zu schlafen.

Bei den nächsten Kindern sah ich's lockerer und habe deutlich weniger Zeit mit dem kaum erträglichen Aushalten von Geschrei vertan. Ein paar Mal waren die Kids sogar – noch in der Kindergartenzeit, aber auch in den Grundschuljahren – länger auf als ich. Fand ich nicht gut, aber alle haben überlebt.

Mit der Einschulung beginnt der »Ernst des Lebens«, so richtig glücklich ist mit dem aktuellen Stand der Bildungspolitik kaum jemand mehr. Entsprechend wutentbrannt wird inzwischen über Lehrpläne und Schulalltag gestritten, so dass mittlerweile vermutlich überhaupt niemand mehr happy ist. Weder die traditionellen Befürworter des Frontalunterrichts, noch die aufwieglerischen Freunde des individuellen Lernens. Zugleich erreicht in dieser Phase die erzieherische Frustration oft einen neuen Höhepunkt. Ein Kindergartenkind konnte man noch recht leicht austricksen oder einigermaßen liebevoll lenken – der Elternwille war verlässlich durchsetzbar. Es ging um die Form: schreit man, drängelt man, lobt man, regt man an, und was wirkt beim eigenen Kind wann am besten?

Jetzt aber soll das Kind endgültig ordnungsgemäß funktionieren. Und zugleich voll individuell bleiben. Also: Lese-Rechtschreib-Schwäche – bäh. Hausschuhe verweigern – Ausdruck der Persönlichkeit. Ich glaube, über messbare Leistungsdefizite in Mathe oder Deutsch hat ein Mensch viel weniger Kontrolle als über Handlungsmanierismen. Wir wollen das Beste für unsere Kinder (und, insgeheim, wenn wir ganz ehrlich sind, oft auch für uns). Aber ich denke, manchmal fördern und »behandeln« wir die jeweils falschen Bereiche.

Über die Jahre jedoch groovt man sich ein. Das Kind lernt zum Beispiel: Schlechter Test trägt mir ellenlanges Betroffenheitsgenöle der Eltern ein, weil ich es doch mal besser haben soll. Keine Hausschuhe bringt bloß dreckige, kalte Füße und interessiert sonst keine Sau.

Je nach Engagement der Eltern fallen in diese Zeit endlose Hausaufgabennachmittage, Nachhilfe, kognitive Messungen, Testung von Augen, Ohren und Hirn, Physiotherapie zur Anregung der Bildung neuer Nervenbahnen, eben das volle Grundschulprogramm. Das ist mehr oder weniger anstrengend, in den allermeisten Fällen jedoch immer noch auszuhalten. Die Eltern sorgen sich, den Kindern ist das ziemlich egal, und jeder tut halt, was er oder sie kann.

Dann aber, mit dem Eintritt in die weiterführende Schule oder ein paar Jahre später, beginnt die abenteuerlichste Zeit, die wir mit unseren

Kindern erleben. Die Pubertät, die Teenagerjahre. In keiner Phase gehen die Ratschläge der Erziehungsexperten so weit auseinander. Denn in keiner Phase sind die Reaktionen von Kindern auf Erziehung so unterschiedlich (von Kind zu Kind, aber auch von Tag zu Tag) und damit unberechenbar.

Als *Tyrannen*, die vor allem *Grenzen* brauchen, dazu haufenweise *Nein aus Liebe* und vor allem natürlich *Disziplin*, werden sie gesehen und dargestellt, glaubt man erfolgreichen Buchtiteln. Die Elternratgeber für diese Zeit favorisieren a) mehr oder weniger hartes Durchgreifen (denn die Kinder sperren sich in Wahrheit ja nur, um Grenzen gezogen zu bekommen) oder b) eine deutlich geschicktere Manipulation als bisher (denn das Rebellieren der Kinder stört den Alltag) oder c) entnervtes Ducken und Durchhalten (denn das Rebellieren der Kinder hört irgendwann von selbst auf).

Ihnen gemein ist ein klagender Unterton, ein Stammtisch-Gejammer, das nur deshalb in Buchform ausgeliefert werden muss, weil die gestressten Eltern vor lauter Besorgt- und Genervtheit keine Zeit zum Kneipenbesuch mit Freunden mehr haben. Oder es sind gar keine Freunde mehr da, weil die missratene Brut so viel Kraft zehrt.

Es ist ein bisschen wie die aktuelle Jobsituation, entweder man hat Arbeit (»was für ein Stress«), oder man sucht Arbeit (»was für ein Stress«), oder man muss sich arrangieren damit, vorzeitig ausgemustert worden zu sein (»was für ein Stress«). Alles richtig, aber zugleich auch Zeichen der Zeit; diese Haltung gehört einfach dazu, sie wird erwartet und vorausgesetzt. Und so schlägt man also Dank der pubertierenden Teenager die Hände über dem Kopf zusammen und bestätigt sich gegenseitig mit Sätzen wie »Das können doch nicht meine sein«, »Die sind alle so«, und vor allem im Grunde auch: früher (bei uns) war alles besser.

Das hilft durchaus gegen akuten Frust, aber mir fehlt etwas. Verständnis. Nicht im Sinne von »Du, ich versteh dich, voll krass, LOL oder was?« Sondern im Sinne von: verstehen wollen. Wie geht es meinem Kind gerade?

Denn das ist doch auch bei uns Erwachsenen zumeist der Grund für Schreien (oder Schweigen): Wir wollen gehört werden!

Ich bin der Meinung, gerade wenn man sich nicht ganz von alleine gut versteht, sollte man nicht abtauchen, zumachen, wegsehen, aushalten. Sondern sich extra viel Mühe geben. Wer sich von seinem Kind stundenlang vollschreien lässt, damit es schlafen lernt, wer mit ihm ewig im Wartezimmer sitzt, um Hirnströme checken zu lassen – der sollte jetzt auf den letzten Metern gemeinsamer Strecke noch mal alle Kraft zusammen nehmen und sich besinnen auf die große Liebe, die man vor gar nicht so vielen Jahren für dieses neue Wesen empfand.

Was nicht heißen soll, dass es einfach ist. Oder mir andauernd gelingen würde, bestimmt nicht. Aber einander mit Interesse und Offenheit zu begegnen, halte ich für wichtig, richtig und vor allem – spannend!

Ich glaube zudem, dass wir es in Deutschland mit einem weltweit fast einzigartigen Erziehungsstil zu tun haben – dem Austreibenwollen von

Fehlern, dem »Beschämen«. Schulexperten mahnen schon lange an, dass der deutsche Unterricht sich noch immer im internationalen Vergleich dadurch abhebt, dass der Lehrer seine Schüler »an der kurzen Leine« durch die Wissensströme navigiert, dass Fragen und Fehlermachen unerwünscht sind, dass der Umgangston distanzlos, respektlos und eben »beschämend« sei. Als würde man die Schnauze eines Hundes in seine Pipipfütze drücken. Daraus lernt er zwar nichts, das ist bekannt und nachgewiesen, aber wir bleiben trotzdem dabei. Wir suchen – nicht nur bei unseren Kindern, auch bei unseren Partnern, unseren Arbeitgebern, unseren Kollegen und wohl auch bei uns selbst – nicht nach Stärken, sondern nach Schwächen. Und die bemängeln wir dann.

Unsere Sicht wird geprägt von einem Ideal (so es denn eines ist), die wichtigsten Merkmale der Wirklichkeit sind die Abweichungen von dieser Idealvorstellung, die Fehler. Und die werden dann beklagt, oft in unbewusst strenger, schneidender, harscher Art. Wir wollen nur ihr Bestes, das mag stimmen, aber kriegt man das so?

Wenn uns einer als falsch, unfähig oder faul bezeichnet, mühen wir uns dann für ihn ab, entfacht das den Ehrgeiz? Nein. Fachleute wissen längst: Ein Vertrauensvorschuss ist die beste Möglichkeit der Motivation. Im Job, in der Schule, in der Beziehung, im Leben.

Das ist schwierig, aber zu schaffen. Nicht immer, aber immerhin.

Und ich bin der Überzeugung, der Versuch, den trotzigen, rotzigen Teenager zu verstehen, kann dabei helfen. Meiner Familie gehe ich mit dem Wunsch, immer alles »verstehen« zu wollen, manchmal mächtig auf die Nerven. Und natürlich bringen mich meine Kinder auch oft in die Klemme, wenn sie meine Regel »fragen darf man immer« aus der Tasche ziehen, wenn es mir grad gar nicht passt. Aber ich glaube wirklich daran: Wer ernsthaft versucht, ein paar Meter in den Schuhen des Anderen zu gehen, um ihn wirklich zu verstehen, wird klüger dabei. Verstehen – das ist wichtig – heißt überhaupt nicht: akzeptieren, gutheißen, mitmachen. Man kann hinterher vielleicht sogar noch mehr dagegen sein. Unterschiedliche Positionen sind okay, in der Erziehung vermutlich sogar sehr wichtig. Und es ist meiner Meinung nach auch in Ordnung, wenn auch für keinen der Beteiligten angenehm, unpopuläre Entscheidungen zu treffen und durchzusetzen. Aber schon das Bemühen, die Teenies zu verstehen, wird eine andere Tonlage ins Gespräch bringen. Weil bereits der Versuch, jemand zu verstehen, signalisiert: Ich bin vielleicht nicht deiner Ansicht, aber du als Mensch bist mir wichtig.

»Gleichwürdige Begegnungen«, »respektvolle Familienkonferenzen« – wir alle kennen die Ratschläge der Erziehungsgurus, und sie klingen ja auch gut. Aber alle dieses Tools nützen nichts, wenn man dauerhaft aneinander vorbeiredet. Wenn man zwar hört, was der andere sagt, aber nicht versteht, was er meint.

In 50 Minuten wissen Sie mehr!

Was sind eigentlich diese Teenager?

Im deutschsprachigen Raum beginnt die Teenagerzeit mit zehn Jahren, das ist aber bloß eine Fehlübersetzung – und führt zu mancher Fehlwahrnehmung. Der Begriff »Teenager« stammt aus dem anglo-amerikanischen Sprachraum und bezieht sich nicht auf »ten« (zehn), sondern auf die Zahlen von 13 bis 19: »thir*teen*«, »four*teen*«, »fif*teen*« bis »nine*teen*«. Die Zählweise geht zurück auf das Zwölfersystem, das Dutzend, wie bei den Kalendermonaten.

Die mit Hilfe dieser Zwölfsprungzählung ermittelten »Teenager«-Jahre sind tatsächlich in etwa deckungsgleich mit der Pubertät. Die sogenannte »Vorpubertät« (erste körperliche Anzeichen der Reife, aber noch keine besondere psychische Veränderung) reicht von zehn bis zwölf, die Pubertät selbst findet irgendwann zwischen zwölf und zwanzig statt. Eher früher als später, eher länger als kürzer. Aber Dank der Annahmen »Teenager = Pubertät« und »Teen = zehnjährig« wittern deutsche Eltern den gefürchteten kindlichen Widerstand, die für alle Beteiligten unerträgliche Häutung zum Erwachsenen, bereits in den letzten Wochen vor dem ersten zweistelligen Geburtstag. Und wie immer gilt: Wir sind vor allem darauf aus, unsere Annahmen zu bestätigen. Wahrzunehmen, was *ist*, nicht was wir *erwarten*, ist verdammt schwer bis unmöglich.

So erklären heutzutage manche Grundschullehrerinnen in der dritten Klasse jeden Streit stolz: »Die Kinder beginnen eben zu pubertieren«, denn das geht ja immer früher los, liest man doch dauernd. Die Kinder sind acht und so was von weder pubertär noch teenagermäßig, dass jedes echte Teenie-Elternteil sich über das Gestöhne totlacht.

Also: Wenn Ihr Kind jetzt zehn oder elf oder zwölf ist – lehnen Sie sich entspannt zurück, Sie haben noch Zeit. Formal beginnt der Ritt Ihres Lebens erst mit dem Ende des 12. Lebensjahrs, also am Tag des 13. Geburtstags.

Was soll so schlimm sein an Teenagern?

Was könnte falsch daran sein, dem inzwischen auf unserer Augenhöhe angekommenen Sohn oder der Tochter, an deren Kleiderschrank wir uns auch mal bedienen, um lässig statt spießig zu wirken, zu sagen, wo es wirklich langgeht? Immer nur abhängen, laute Musik und Computerchats, Fast Food, aber keine Hausaufgaben, so kann doch aus dem Kind nichts werden?

Die Aussichten auf dem Arbeitsmarkt sind schlechter als je zuvor, jeder Bewerber konkurriert mit zehn Chinesen und einer Busladung billiger Inder, zumindest stellen wir uns das so vor. Was zu einem bizarren Fehlschluss führt. Denn eine möglichst gute stromlinienförmige Ausbildung kriegt man inzwischen in vielen Teilen der Welt. Das Alleinstellungsmerkmal unseres Nachwuchses kann daher nur noch in der Persönlichkeit, in Einfallsreichtum oder Charakter, bestehen. Und obwohl wir hinterher schon auf den Babyfotos zu erkennen meinen, wie er oder sie später aussieht, entfaltet sich doch die große Menschlichkeit zumeist erst in der Pubertät, in den Teenagerjahren.

Dazu sind sie da: um vom Kind zum Erwachsenen zu reifen. Um Abschied zu nehmen und neu zu beginnen. Um Fähigkeiten zu erwerben und sich auszuprobieren, fachlich wie persönlich.

Das heißt: Pubertierende Teenager sind ungeschickt in eigentlich allem, was sie tun. Alles ist neu, alles ist anders, und keiner hat sie gefragt – viele von ihnen wären sicher lieber länger klein und einfach gestrickt. Stellen Sie sich mal vor, Sie müssten im selben Monat Fahrrad fahren lernen, mit Ihrem Partner zusammenziehen, einen neuen Job in einem unbekannten Berufsfeld antreten, und am nächsten vorletzten Sonntag noch im TV jonglierend die Nationalhymne singen. Bisschen viel auf einmal, oder?

So – oder so ähnlich – geht es in Kopf und Seele von Teenies zu. Das macht sie unzufrieden mit sich, mit der Welt, und aggressiv. Dennoch sollte man deshalb nicht einfach einen weiten Bogen um die halbfertigen Wesen schlagen in der Hoffnung, dass eines Tages aus dem unordentlichen Zimmer ein wunderschöner Schmetterling schlüpft. Im Gegenteil: Wir müssen versuchen,

Teenies nicht immer bloß zu ignorieren oder zu korrigieren. Sondern zu verstehen.

Was doppelt schwer ist, weil sie das oft selbst nicht können. Kaum ein Zehntklässler wäre – selbst unter dem Versprechen absoluter Geheimhaltung, niemand erfährt ein Sterbenswörtchen! – in der Lage zu sagen, was er oder sie wirklich fühlt, was ihn bewegt, was sie besorgt. Sie *spüren* es deutlich, und sie nehmen ihre Gefühle ernst, denn sie haben (gottseidank, will man fast sagen) noch nicht gelernt, sie routiniert zu übertünchen. Aber sie können oder mögen ihnen nicht ins Gesicht sehen, auch weil sie sich dann noch unsicherer fühlen, noch weniger ahnen, wie das Leben bloß weitergehen soll. Viele Jugend-Posen sind auch einfach eine gehörige Portion »Hier komm icke!«-Schauspielerei, die schnell zur zweiten Natur wird, weil sie so schön beruhigend auf das verunsicherte Ego wirkt.

Können Sie sich nicht daran erinnern, wie unsicher und selbstsicher zugleich Sie damals waren?

Wir Eltern sollten und können es besser wissen. Wir können aussteigen aus der ewigen Spirale von Druck und Gegendruck. Bei Kindergarten- und Grundschulkindern mag es sinnvoll oder zumindest praktisch sein, möglichst klare Anweisungen zu geben. Bei Teenagern ist eine andere Taktik nötig. Spätestens jetzt ist der Zeitpunkt gekommen, sie als Menschen anzunehmen, wie sie sind, auch wenn sich das alle halbe Stunde ändern mag.

Verständnis macht die Lage nicht besser. Es ermöglicht höchstens, sie überhaupt erst einmal zu erfassen. Und dann möglichst angemessen (statt spontan und unter Druck) zu reagieren.

Etwas zu verstehen gibt uns – im Idealfall – unsere Selbstkontrolle zurück, vielleicht sogar ein wenig mehr Einflussmöglichkeiten als reine Rückgratreaktionen. Denn wir wollen ja nach wie vor nur das Beste für unseren Nachwuchs. Vor allem aber gibt schon der Versuch, Verständnis füreinander aufzubringen, uns die Liebe zurück.

Verstanden? ;-)

Teenies und ihre Eltern

Die ersten und die letzten gemeinsamen Jahre von Eltern und Kindern sind wahrscheinlich die schwierigsten. Man kann noch so gut vorbereitet sein, noch so viele Ratgeber lesen – hält man dann das Baby im Arm, ist alles anders. Wenn es nicht trinkt, wenn es schreit und man weiß nicht warum, aber auch, wenn es einen glücklich glucksend anlächelt. Alles anders als erwartet.

Warum Teenies Widerstand gegen ihre Eltern zeigen müssen

Dann gewöhnt man sich aneinander, und irgendwann, das wissen die Eltern und die Kinder spüren es, steht der Abschied bevor. Nun hassen wir ja alle Veränderung, weil unser Höhlenmenschenhirn davon ausgeht: So wie gestern ist »sicher«, Unbekanntes ist gefährlich. Zugleich fragen sich kluge Eltern durchaus: Was machen wir – mit uns, miteinander – wenn die Brut aus dem Haus ist, wenn wir nicht mehr den ganzen Tag damit beschäftigt sind, dreckige Socken wegzuräumen und uns Sorgen zu machen? Waren die Kinder anfangs eine oft unerwartete Einschränkung der Zweisamkeit, sind sie mittlerweile zum Puffer zwischen Menschen geworden, die mittlerweile mindestens zehn Jahre lang weder Zeit noch Kraft hatten, sich auch noch füreinander zu interessieren.

Es fällt uns also im Grunde schwer, die Kinder gehen zu lassen. Und sie, ihrerseits, sehnen sich danach und fürchten doch zugleich auch diesen Schritt in die Alleinverantwortung.

Aber mit 30 noch zu Hause wohnen bringt nix.

Möglicherweise hat die Natur es also ganz geschickt eingerichtet, dass man sich immer mehr nervt, je älter die Kinder werden, bis die Abstoßungskraft größer wird als die Sorge um Sohn oder Tochter und deren Bedürfnis nach sauberer Wäsche im Schrank.

Ich denke, es gibt noch einen weiteren wichtigen Grund, warum Teenager Widerstand gegen die »Elterngewalt« leisten müssen. Man kann das eigene Selbst nur in Grenzsituationen erfassen. Solange nichts auf dem Spiel steht, solidarisieren wir uns alle gern mit einer guten Sache – aber erst wenn wir für unsere Überzeugungen etwas riskieren, zeigt sich, wer aus welchem Holz geschnitzt ist.

Auch wir haben erst in den schmerzhaftesten Situationen herausbekommen, wer eigentlich in uns steckt, in Krisen und Kämpfen, wenn wir im Job, in der Liebe oder vielleicht sogar auf einer Demo für unsere Überzeugungen eintraten! Das macht nur selten Spaß, und oft ist das Ergebnis enttäuschend. Aber es gibt keinen anderen Weg zum Ziel. Wer sich geschmeidig immer in der Mitte durchs Leben schlängelt, wird sich früher oder später selbst langweilen.

Allerdings haben wir im besten Falle gelernt, wann und in welcher Hinsicht wir etwas über uns erfahren wollen, und wann oder wobei wir einfach mal die Klappe halten. So wie Kindergartenkinder, wenn man sie lässt, an manchen Tagen jeden Stein umdrehen und jeden Käfer genau bestaunen, so streiten Teenager an manchen Tagen jeden Streit. Wie sollten sie es auch besser wissen? Erst wer 100 oder 1000 oder 10.000 Marienkäfer bestaunt hat, wird zu dem Schluss kommen: alle ungefähr gleich. Und erst wer 100 oder 1000 oder 10.000 Mal die Eltern angeranzt hat, wird zu dem Schluss kommen: alles ungefähr gleich.

Kinder aus Künstlerhaushalten werden oft selbst Künstler – oder wählen sehr ordentliche, strukturierte, Halt gebende Berufe. Kinder aus Beamtenhaushalten werden oft selbst Beamte, Ärzte, Juristen – oder eben das genaue Gegenteil. Wir definieren unser Leben im Vergleich zum Leben unserer Eltern. Und unsere Kinder müssen wiederum ihr Leben im Vergleich zu unserem definieren.

Die Erfahrung lehrt auch: Gerade wer 20 Jahre lang schwor »Das mache ich nie so!«, macht's genau so! Wir wachsen mit dem Wertesystem unserer Eltern auf – meist ist das im großen und ganzen zudem einigermaßen deckungsgleich mit dem Wertesystem von Schule, Nachbarn, Arbeitgeber. Ja, es gibt scheinbar große Unterschiede.

Aber wer im Leben dann wirklich große Unterschiede zur eigenen Kindheit gesehen hat, der erkennt rückblickend, wie ähnlich sich die Ansichten meist waren.

Das Leben selbst ausprobieren

Irgendwann kam der Tag, da wollten wir nicht mehr den Pulli tragen, den Mama gekauft und rausgelegt hatte – und da wollten wir auch nicht mehr so lernen, leben und reden, wie Mama und Papa das für uns vorgesehen hatten. Wir wollten das Leben selbst anprobieren und sehen, was passt. Und das muss auch so sein. Wie soll es anders gehen?

Wenn wir uns wünschen, dass unsere Kinder eigenständige, selbstbewusste Menschen werden (und wer würde das nicht sofort unterschreiben), müssen wir ihnen erlauben, selbst zu entscheiden. Sie lernen immer noch von uns, nur anders also zuvor. Sie testen unsere Vorschläge und Anregungen (denn mehr war es nie) nicht zuerst durch vertrauensvolles Nachahmen, sondern durch verachtungsvolles Ablehnen. Und doch bleiben wir und unsere Ansichten noch lange der Mittelpunkt ihrer Welt.

Wieviel ein elterliches Wort – und somit auch unsere Kritik – wiegt, kann man kaum überschätzen. Denken Sie einmal zurück an den letzten Besuch bei Ihren Eltern. Ich möchte wetten, es ist ein Satz gefallen, der Sie getroffen oder berührt hat. Noch immer, nach all den Jahren, haben Ihre Eltern diese Macht! Wieviel wichtiger nehmen da wohl unsere erst halbfertigen Teenager, was wir zu ihnen sagen?

Sie verstehen zu wollen, ist ein Zeichen unserer Liebe, Wertschätzung und Anerkennung. Dabei darf das Verstehen nicht der Munitionierung dienen; das Ziel besteht nicht darin, sie nach dem Zuhören argumentativ so richtig plattzumachen. Der Weg ist das Ziel, wie es so schön heißt. Und das Ziel ist nicht das Erreichen eines Ziels, zum Beispiel eine Einigung über Ausgehzeiten, das Ziel ist das Verständnis selbst. Also: Warum willst du länger wegbleiben, als ich es erlauben möchte? Dazu gehört auch die Selbstreflexion: Warum will ich keine längeren Ausgehzeiten dulden, was sind meine Ängste, Sorgen, Wünsche? Sie verstehen (hoffentlich), was Ihr Kind bewegt. Ihr Kind versteht vielleicht sogar (mit etwas Glück), was Sie bewegt.

Und dann halten Sie das beide, in gegenseitigem Respekt, eine Weile aus. Zehn Minuten, drei Tage. Kann ganz unterschiedlich sein. Je länger es keine Einigung gibt, desto länger kann man genau hinsehen, und das Verständnis für den anderen wächst, oder auch nicht.

Mit anderen Worten: Teenager müssen »gegen« uns sein – gegen wen sollen sie denn sonst sein? (Und deshalb müssen wir uns auch keine Sorgen machen, dass sie anderswo ebenso frech oder fordernd auftreten. Warum sollten sie?) Aber *wir* müssen nicht gegen sie sein, sondern auf ihrer Seite. Solidarität mit den Kindern ist erste Elternpflicht.

Den besten Elternrat hat mir übrigens vor mehr als zwanzig Jahren eine Mutter von Zwillingen in meiner Zivildienstzeit gegeben. Beim Kinderturnen erzählten alle anderen Teilnehmerinnen stolz, wie mühelos ihre Kinder durchschlafen, laufen lernen und aufs Töpfchen gehen. Ich staunte mit offenen Mund, und diese Mutter flüsterte mir mit einem Lächeln zu: »Alle Eltern lügen.«

Ich glaube, das stimmt. Sich an dem Anschein anderer Eltern zu messen, ist Unsinn.

Was mich zu einer eigenen Erkenntnis geführt hat, die keineswegs besonders smart ist, aber wichtig: Alle Eltern machen Fehler. Und das ist auch nicht schlimm. Schlimm ist nur, nicht darauf zu achten und dieselben Fehler immer weiter zu machen. Im dümmsten Fall auch noch in der Hoffnung, dass beim nächsten Mal derselbe Fehler ein anderes Ergebnis bringt.

Elternsein ist keine »Wissenschaft« in dem Sinne, das man nur die gelernten Regeln zu befolgen braucht, dann klappt das schon. Elternsein lernt man – wie Jonglieren oder Zuhören – durch Üben. Man kann sich Hilfe holen und Tipps geben lassen. Aber jeder kommt anders ans Ziel. Und je mehr Spaß man beim Üben hat, je mehr Freude man sich vornimmt und zugesteht, desto besser.

Teenie-Sprüche – und was sie bedeuten

Wen interessiert schon Schule?

Schule – Leistung, Noten, Hausaufgaben – ist das Krisenthema Nummer eins in fast jedem Teenagerhaushalt. Selbst wenn im Moment alles glatt läuft und Sie denken: bei uns nicht – Sie können ziemlich sicher sein, dass die Realität Sie irgendwann einholt. Entweder durch einen abrupten, auf den ersten Blick »unerklärlichen« Leistungsabfall. Oder wenn Ihr Kind sich in den Kopf gesetzt hat, etwas ganz anderes zu werden, als Sie sich so gedacht haben. Und allerspätestens, wenn zwanzig bis dreißig Jahre später, anlässlich irgendwelcher Krisen mit Ihren Enkelkindern, die Vorwürfe auf den Tisch kommen: »Immer musste ich nur funktionieren, euch haben nur meine Noten interessiert.«

Es gibt kein Entkommen!

Was logisch ist, denn jeden betreffen die Themen Schule, Disziplin, Eigenverantwortung, Zukunftsplanung. Das wissen auch Teenies. Insofern sind Sprüche wie »Schule interessiert doch keinen Arsch«, »Gute Noten werden überschätzt« oder »Im wirklichen Leben zählt doch vor allem der Charakter« bloß eine Art Pfeifen im Keller oder im dunklen Wald – der Versuch, der eigenen Angst Einhalt zu gebieten. Ihr Kind weiß sehr wohl selbst, ob es richtig schlecht in der Schule ist! (Falls Sie zu den Eltern gehören, die bei jeder glatten Zwei schon eine Krise kriegen, dann sollten Sie sich entspannen und bei Gelegenheit mal Ihr Wertesystem hinterfragen: Ihr Kind ist offiziell »gut«, was fällt Ihnen ein, das nicht »gut« zu finden, sondern offenbar nur »befriedigend« oder vielleicht nicht einmal »ausreichend«?)

Ihr Kind weiß auch sehr wohl selbst, dass bessere Noten besser sind für .... für was eigentlich? Das weiß es vielleicht nicht. Aber *dass* bessere Noten besser sind als schlechte Noten, ist ja wohl ziemlich einleuchtend. Wenn Ihr Kind das nicht versteht, dann sind die Noten ohnehin egal.

Wenn Sie finden, Ihr Kind sollte sich mehr anstrengen, weil das für seine Ziele (und nicht für Ihre Ziele!) gut wäre, könnte sich ein Gespräch darüber lohnen. »Wie stellst du dir momentan deine Zukunft vor? Gibt es vielleicht Wege, für die gute/bessere Noten hilfreich wären? Sollen wir mal rausfinden, wie gut deine Noten sein müssten, damit dir auch diese Möglichkeiten offenstehen?«

Wenn ein Jugendlicher also offensichtlich weiß, was er vorgibt, nicht zu wissen: Was will er oder sie uns dann mit solchen coolen Sprüchen sagen?

Zwei Varianten sind am wahrscheinlichsten, sie können auch gemeinsam auftreten

- Ich weiß, dass du dich um meine Schulnoten sorgst, daher weiß ich auch, dass ich dich mit meinem demonstrativen Desinteresse, einem sehr einfachen Mittel, zur Weißglut bringen kann. Das heißt a) Ich habe Macht! b) Du guckst hin, du bemerkst mich!
- Ich mache mir durchaus Sorgen um meine Noten, weiß aber nicht, wie ich es aus eigener Kraft ändern kann (viele Kinder schätzen ihr Potential zu gering ein, sie halten sich für dumm, hässlich,

wenig liebenswert). Vielleicht sind meine Noten sogar schon so tief unten, dass mir der Arbeitsberg unbezwingbar erscheint. Vielleicht fehlt mir die Motivation, die Disziplin, ein Plan. Eigentlich brauche ich Hilfe, aber lieber beiße ich mir die Zunge ab, als darum zu bitten! Außerdem, wenn ich lauthals so tue, als wäre mir das alles vollkommen egal, fühlt es sich wenigstens für einen Moment auch so an, und meine Angst nimmt ab.

Wie können Sie mehr erfahren?

Wenn Ihr Sohn oder Ihre Tochter im Grunde gut in der Schule ist, sollten Sie sich so weit zurücknehmen wie möglich. Ohne dabei ein schlechtes Gewissen einreden zu wollen, könnten Sie fragen, ob Ihr Kind die Note als ebenso »schlecht« einschätzt wie Sie es tun, und wie es sich fühlt. Wie es dazu kam (nicht: »Wie konnte es dazu kommen?!« Sondern: »Wie ist es dazu gekommen?«).

Sind die Leistungen insgesamt und schon seit einiger Zeit schlechter, als Sie es Ihrem Kind zutrauen, könnten Sie dies als sogenannte Ich-Botschaft anbringen: »Ich bin der Meinung, du könntest in der Schule besser sein, und mir macht das Sorgen. Wie siehst du die Sache?« Achtung: Nur weil ein Satz mich »Ich« anfängt, ist er noch lange keine Ich-Botschaft: »Ich bin genervt, weil du so faul bist und schlechte Noten bekommst!«, ist eine reine Schuldzuweisung.

Es kann durchaus hilfreich sein, ein schwieriges Thema vorab allein für sich zu üben, zum Beispiel vor dem Spiegel oder mit einer Webcam. Wiederholen Sie Ihre Frage, bis Sie sich damit wohl fühlen. Das muss nicht heißen, dass Sie weichgespült daherkommen. Aber für Teenies ist das Gefühl von »Angst« (ich schaff das nicht, ich kann das nicht, ich krieg wieder Ärger, ich gehöre nicht dazu) Alltag. Wenn Sie diese Angst vergrößern, macht das nichts besser.

Sind die Leistungen des Kindes langfristig und dramatisch schlechter, als Sie es für nötig halten, bietet sich ein Info-Gespräch mit einigen Lehrern an. Vielleicht tut Ihr Kind, was es kann, und Sie schätzen es falsch ein. Vielleicht braucht es eine noch nicht gefundene Motivation. Kündigen Sie an, die Gespräche führen zu wollen, vereinbaren Sie die Termine nicht hinter dem Rücken Ihres Kindes. Aber diskutieren Sie auch nicht darüber. Sie wollen und dürfen sich informieren. Bieten Sie Ihrem Kind an, mitzukommen. (Schlagen Sie es nicht vor, sondern bieten Sie es nur an.) Meckern Sie bei den Treffen weder über das Kind noch über die Lehrer. Sagen Sie, Sie machen sich Sorgen und hätten gern Hilfe bei der Einschätzung der Lage. Sprechen Sie mit mehr als einem Lehrer, und nicht nur mit denen, wo Ihr Kind schlecht steht, sondern auch mit denen, wo es gut läuft. Falls Ihr Kind nicht mit war, berichten Sie ihm hinterher kurz, was gesagt wurde.

Psychologen gehen davon aus, dass Kinder lernen *wollen*. Wenn sie also in Wirklichkeit nicht lernen, muss es dafür einen Grund geben. Und wenn das Kind lernen will, kann der Grund nicht sein, dass es eben faul ist. Niemand ist zu faul, nicht zu tun, was er oder sie tun will. Man ist nur zu faul, nicht zu tun, was man nicht tun will.

Über die Sachebene hinaus hat das nonchalante Abtun der Schule noch einen Aspekt, den man beachten sollte. Es ist in der Pubertät spannend (und notwendig), Autoritäten in Frage zu stellen. Da gibt es jedoch wenig Auswahl: Eltern, Schule, das war's. Es mag nerven, ist aber verständlich. Wichtig ist jedoch, was gefühlt passiert, wenn ein junger Mensch die Autoritäten herausfordert. Eltern doof, Schule doof – mag mich jetzt noch jemand? Werde ich geliebt, wie ich bin (und zwar auch dann, wenn ich auf einmal ganz anders bin)? Oder werde ich »nur« für meine Leistungen gemocht?

Nun ist das mit der »wahren Liebe« ja so eine Sache. Jemand über alle Veränderungen hinweg zuverlässig zu lieben ist schwer, diese Erfahrung werden Sie sicher auch schon gemacht haben. Doch so schwierig bis unmöglich das sein mag, so sehr wünschen wir es uns alle. Und wer, wenn nicht die eigenen Eltern, soll das leisten?

So kann man zwar jeden der Protestsprüche in diesem Buch auch als die Frage »Liebst du mich noch? Auch wenn ich doof und unfreundlich bin?« lesen. Für das Thema Schule und Zukunft gilt das aber ganz besonders: Wenn ich nicht tue, was du willst, wenn ich nicht werde, was du willst und wie du willst, wenn ich deine Macht und deine Stellvertretermächte ablehne – liebst du mich dann immer noch?

Ich hoffe, die Antwort ist: Ja. Behalten Sie sie im Kopf und im Herzen, und lassen Sie sie durchklingen, wann immer möglich.

Alle anderen dürfen das auch

Das ultimative Killerargument jedes Teenies: Alle anderen bekommen mehr Taschengeld, haben ein Handy, einen Computer, eine Playstation, eine Xbox, dürfen rauchen, trinken, kiffen, ausgehen bis zum Morgengrauen, werden selbstverständlich von ihrer Mutter zum Training gefahren, werden natürlich nicht von den Eltern von der Party abgeholt, hatten auch schon Sex, dürfen sich piercen und tätowieren lassen, müssen nie Hausaufgaben machen und schon gar nicht den Tisch abräumen oder den Müll rausbringen. Sie dürfen im Mikrorock oder der weitesten Baggypants (oder was eben gerade in ist) in die Schule, müssen nie ihr Zimmer aufräumen, fahren mit der besten Freundin in die Ferien, und überhaupt!

Nie zuvor oder danach im Leben ist der Gruppendruck (neudeutsch auch *peer pressure* genannt) so hoch wie in der Teenagerzeit. Zudem kommt er für die Betroffenen scheinbar aus dem Nichts – vor den Sommerferien waren die abgelegten Klamotten der großen Schwester noch eine kleine Sensation, weil man sich seit Monaten danach verzehrt; nach den Ferien geht das überhaupt nicht, »alle anderen kriegen immer neue Klamotten, nur ich nicht!«

In den meisten Fällen ist die Sachlage recht übersichtlich. Natürlich gibt es immer einen, der am wenigsten Taschengeld bekommt (so wie es ja auch jemand geben muss, der am meisten Taschengeld bekommt). Die Wahrscheinlichkeit, dass alle Kinder einer Klasse (= die *peer group*) genau gleich viel Taschengeld bekommen, ist nahe bei null.

Und genauso gibt es höchstwahrscheinlich einen, der eine Playstation hat, und ein anderer hat eine Xbox, der nächste einen Fernseher im

Zimmer, und so weiter. Die Chance, dass *alle* anderen *alle* diese Sachen haben, ist ebenfalls nahe bei null.

Machen Sie sich das klar.

Weisen Sie aber ihr Kind lieber nicht darauf hin.

Gefühlt hat es in jeder Hinsicht den kürzeren gezogen, weil es in jedem Bereich jemand gibt, der mehr hat. So ist das im Leben, und so bleibt es meist auch, selbst unter Superreichen. Nur der reichste Mensch der Welt hat mehr als alle anderen, und nicht einmal derjenige kann nicht sicher sein, wie lange es so bleibt – und zudem gibt es bestimmt jemand, der trotzdem einen schöneren Garten, eine liebevollere Beziehung, einen besseren Blick aus dem Wohnzimmerfenster oder einen kürzeren Helikopterflug zum Golfplatz hat.

Das frustriert auch Erwachsene, Kinder jedoch noch mehr. Denn »die anderen« summieren sich zu einer großen Gruppe mit den besten Eigenschaften der Einzelnen. Wogegen man selbst allein dasteht und sich auf die eigenen schlechtesten Merkmale konzentriert.

In den meisten Fällen ist zu raten, möglichst keine Sachdiskussion zu eröffnen – selbst wenn ein Teenager zweifelsfrei Unrecht hat und das eigentlich auch einsehen müsste, könnte und sollte, so hat er oder sie doch schlicht mehr Zeit und Chuzpe, jeden noch so großen Unsinn rauszuschleudern. Teenies ernstzunehmen und verstehen zu wollen, kann nicht heißen, jeden ihrer Sätze auf die Goldwaage zu legen. (Im Gegenteil, denke ich.)

In den meisten Fällen bedeutet: »Alle haben/dürfen/kriegen, und ich nicht« bloß: Ich hätte das gern und bin unzufrieden oder traurig, dass ich nicht weiß, wie. Das kann jeder nachvollziehen, ich hätte auch gern einen Sportwagen, eine Segelyacht und immer gutes Wetter.

Es gilt zu versuchen, eine Möglichkeit zu finden, den Wunsch anzuerkennen, ohne ihm nachzugeben oder auch nur darüber zu diskutieren, unter welchen Bedingungen er vielleicht doch erfüllt werden könnte. »Alle anderen haben« heißt übersetzt: Ich kenne mindestens eine oder einen, von dem/der ich einigermaßen sicher bin, dass er oder sie das hat oder haben könnte. Das ist okay, dafür muss Raum sein. »Ich kann verstehen, dass du dir das wünschst«, ist eine Möglichkeit, die Sehnsucht anzuerkennen.

»Alle haben/dürfen/kriegen«, ist zugleich der Versuch, den Gruppendruck, dem Ihr Kind ausgesetzt ist, an Sie weiterzugeben. Die anderen haben vielleicht über seine/ihre Jeans gelacht, oder zumindest befürchtet Ihr Kind, sie könnten es tun. Teenager möchten gern in ihrer höchstmöglichen Individualität möglichst uniform daherkommen – sie wollen total eigenständige Persönlichkeiten sein, die nicht Gefahr laufen, irgendwem negativ aufzufallen. Denn sie wissen: Der Spott der Anderen – der ja auch wiederum nur von deren Unsicherheit und Ängsten ablenken soll – ist brutal.

Eine Untervariante dieser Taktik sind Themen, bei denen so oder so eine Entscheidung erforderlich ist. Darf Ihr Kind auf eine bestimmte Party, und wenn ja, wie lange? Lassen Sie es aus dem Haus gehen, wie es will? Kriegt es eine Taschengelderhöhung? Wird Computerzeit reglementiert, und wer zahlt die Handyrechnung?

In solchen Fällen kann es tatsächlich interessant sein, herauszufinden, wie es »alle anderen« halten. Selbst wenn Ihr Kind recht haben sollte, und wortwörtlich »alle« anderen mehr Geld oder Freiheiten bekommen, sind Sie nicht gezwungen, dem nachzugeben. Aber ich halte es für eine gute Idee, es zu verifizieren.

Gesellschaftliche Normen ändern sich, vor fünfzig Jahren waren schwule Politiker oder Manager undenkbar, heute ist die gleichgeschlechtliche Ehe steuerlich anerkannt. Vielleicht hat sich die Situation in einem bestimmten Bereich verändert, ohne dass Sie es mitbekommen haben. Vielleicht haben andere Eltern bereits Strategien erprobt oder Erfahrungen gesammelt, die sie mit Ihnen teilen können.

Wenn Ihr Kind mit dem »alle anderen«-Argument seinen *peer pressure* bei Ihnen abladen will, muss es erlaubt sein, die Behauptungen zumindest stichprobenartig zu überprüfen. Außerdem ist es immer gut, sich Informationen und Rat zu holen. Fragen Sie daher, ob es in Ordnung ist, wenn Sie einige Eltern anrufen, besprechen Sie mit Ihrem Kind auch, welche. Das ist ja durchaus im Interesse Ihres Sprösslings – wenn die anderen Eltern wirklich schon erlaubt haben, was Ihr Kind auch will, besteht ja Hoffnung, dass Sie überzeugt werden. Machen Sie keine Kontrolluntersuchung daraus, Sie wollen nicht triumphierend beweisen, dass es nicht wirklich »alle« sind, Sie wollen möglichst gut informiert entscheiden, was die beste Lösung für Sie und Ihr Kind ist.

Meine Erfahrung ist, dass andere Eltern meist sehr positiv auf solche Fragen reagieren, und sich im Normalfall nicht in ihrer Entscheidung angegriffen fühlen. Und dass Kinder positiv registrieren, wenn wir uns mit Ihrer Forderung tatsächlich auseinandersetzen.

Das soll allerdings keineswegs heißen, dass Sie Ihre Position auch nur einen Millimeter ändern müssen. Aber Sie wissen danach, welchem Druck Ihr Kind ausgesetzt ist (oder nicht). Niemand will uncool sein, niemand will ausgelacht werden, und nie ist diese Gefahr größer als in den Jugendjahren. Da muss Ihr Kind durch, und alles zu erlauben ist nicht die Lösung. Wer alles darf und alles hat, ist vielleicht beliebt, aber weiß auch selber ganz genau, dass die Persönlichkeit damit am allerwenigsten zu tun hat.

In einer solchen Situation das Kind zu »verstehen«, heißt meiner Ansicht nach, hören und aushalten zu wollen: Was ist dir wichtig, und warum? Und im besten Fall dann die eigene Position zu überprüfen: Fürchte ich mich vielleicht vor den Dämonen der eigenen Kindheit und sorge mich gar nicht um mein Kind? Will ich ein bestimmtes Ergebnis oder Verhalten erreichen und glaube, meine Vorgaben helfen dabei?

Die meisten Ihrer Regeln und Grenzen sind genauso willkürlich wie die aller anderen – so sehen Sie nun einmal die Welt. Und das ist okay. (Hoffe ich.) Dem weitergereichten Gruppendruck eher standzuhalten als nachzugeben ist, glaube ich, dennoch meist besser. Mit anderen Eltern oder Kindern zu sprechen, ermöglicht es Ihnen, durch Vormachen zu erziehen. Denn Sie nehmen die Herausforderung Ihres Kindes an und stellen sich dem Urteil anderer. Und es ist verdammt unangenehm, dann darauf zu bestehen: Den Film soll mein Kind aber nicht sehen/ eine Party ohne Aufsicht erlaube ich nicht/das sehe ich anders. Sie riskieren, dass andere Eltern Sie für spießig, vorgestrig oder uncool halten. Wenn Sie das ertragen, haben Sie Ihr Erziehungsziel bereits erreicht.

Ich gestehe: Das Argument »Die anderen dürfen aber«, packt mich immer noch direkt am Kragen, und es fällt mir schwer, meinen Ansichten treu zu bleiben. Schließlich will ich ja nicht, dass mein Kind mich ablehnt, und ich will auch nicht, dass die anderen Kinder mein Kind doof finden. So ist die Versuchung groß, genau das zu tun, was ich *nicht* vorleben will: dem Druck nachzugeben, der Anerkennung der anderen hinterherzulaufen.

Was sich in der Praxis bereits als kurzsichtig erwiesen hat, war der Versuch, in Einzelfällen nachzugeben, um für beide Seiten den Druck insgesamt zu lindern. Das schafft bloß Steilvorlagen und Begehrlichkeiten für das nächste Mal.

Oh, und was immer Sie tun, ersparen Sie sich und Ihrem Kind den schönen Spruch: »Und wenn alle anderen von der Brücke springen, springst du dann hinterher?« Sarkasmus gehört zu genau den Dingen, denen Ihr Kind entgehen will, indem es nicht auffällt. Wenn Sie dumme Sprüche mit dummen Sprüchen kontern, zeigen Sie nur, dumme Sprüche sind okay. So schwer es fällt: »Ich finde, man muss nicht immer alles machen/haben/dürfen, was die anderen machen/haben/dürfen« transportiert denselben Inhalt, ohne Öl ins Feuer zu gießen.

Das geht euch gar nichts an, kümmert euch um euren eigenen Dreck!

Eben haben wir ihnen noch den Hintern abgewischt (man muss es doch mal sagen, wie es ist) und sie kamen trostsuchend zu uns, wenn der beste Grundschulfreund eine Pause lang nicht mit ihnen gespielt hat. Und jetzt knallen sie uns die Badezimmertür vor der Nase zu und wir sollen ihr Tagebuch nicht lesen.

Was uns noch nicht so lange her scheint, ist für das Kind kaum mehr eine Erinnerung, wenn überhaupt – und liegt mindestens ein bis zwei Persönlichkeitshäutungen zurück. Klarer Fall von unterschiedlicher Wahrnehmung der Zeit. Denn diese Entwicklung ist innerlich erfolgt, nicht äußerlich. Raupe wird Schmetterling: Da kann jeder Idiot den Unterschied sehen. Grundschulkind wird Teenager: Das sind zehn, vielleicht zwanzig Zentimeter Größenwachstum, in dieser Hinsicht wurde ja bereits in den neun Monaten vor der Geburt mehr geboten.

Und außerdem: Ich hab dich gemacht, du bist mein Kind, also geht mich alles etwas an!

Doch ich fürchte, so kommt man nicht weit. Wir alle wollen, dass unsere Kinder selbstständig werden. Das können sie nur, wenn sie ihre eigenen Erfahrungen machen.

Wir wollen natürlich auch, dass sie sich dabei nicht wehtun, das nichts schiefgeht, aber das lässt sich leider nicht einrichten. Vieles, was wir für unsere Kleinstkinder getan haben, vermissen wir nicht. Niemand wünscht sich, sie auch noch mit zehn füttern zu müssen, ihnen noch mit fünfzehn die Schuhe zu binden.

Aber so ein bisschen Kontrolle wäre doch schön, und überhaupt, wenn sie doch bitte allein machen würden, woran wir nie so richtig Spaß hatten, aber in jeder anderen Hinsicht weiter auf uns angewiesen bleiben oder uns zumindest auf breiter Front vertrauen, statt uns auszuschließen und abzulehnen! Das wäre schön.

Es ist ein Balanceakt. Vieles, was unsere Kinder betrifft, geht uns sehr wohl noch etwas an. Schule, Gesundheit, Ernährung, Freunde, Drogen, Geld ...

Aber die Kinder wollen auch immer mehr mitreden, und das zu recht. Wenn sie sagen: »Das geht dich gar nichts an!«, ist das also erst mal die sehr richtige Einforderung: Das ist nicht mehr allein dein Gebiet.

Darüber hinaus haben sich bestimmte Erfahrungswerte ergeben, die man bei befreundeten Eltern oder in Erziehungsratgebern abfragen kann. Und nach kurzem Nachdenken sind sie auch sinnvoll. Nie im Tagebuch schnüffeln. Auch nicht, wenn man glaubt, es ginge nicht anders. Auch nicht, wenn man glaubt, es ginge wirklich nicht anders. Auch nicht im Ranzen oder im Handy oder im Computer schnüffeln. Auch nicht, wenn man glaubt, es ginge nicht anders. Auch nicht, wenn man glaubt, es ginge wirklich nicht anders. Wenn das Kind im Bad allein sein will, das aber morgens die ganze Familie aufhält, zu einem anderen Zeitpunkt (!) zusammensetzen und Regeln aushandeln. Nicht einfach die Tür eintreten mit der Begründung »Das ist *mein* Bad!«

Wenn Sie nicht einfach nur neugierig sind, sondern *ernsthaft* und *begründet* den Verdacht auf Schulschwierigkeiten, Drogenprobleme, soziale Krisen o.ä. haben, trotzdem nicht im Tagebuch, im Zimmer, im Computer oder im Ranzen schnüffeln. Auch nicht, wenn Sie glauben, es geht nicht anders. Nicht einmal, wenn Sie glauben, es geht wirklich nicht anders.

In einer solchen Situation wollen Sie Ihrem Kind helfen, und das geht sicher nicht besser, wenn Ihr Eröffnungszug darin besteht, sein Vertrauen zu brechen (egal ob Sie das auch so sehen oder nicht). Sprechen Sie Ihre Sorge in einem möglichst ruhigen Moment an. Ihr Wort hat für Ihr Kind weit mehr Gewicht, als Sie wahrscheinlich glauben. Bauen Sie darauf.

Was das Kinderzimmer betrifft: Ein Kind kann sehr wohl dafür verantwortlich sein, die eigene Wäsche in den Wäschekorb zu werfen. Tut es das nicht, Pech gehabt. Es ist auch keine Zumutung, einmal die Woche oder notfalls alle zwei Wochen das Kinderzimmer saugen zu wollen, damit keine Ratten (außer den zwei im Käfig) dort Quartier beziehen. Wenn Ihr Kind nicht will, dass Sie das tun, muss es zu einem fest vereinbarten Zeitpunkt selbst saubermachen. Eskalationen wie »Ich schmeiß alles in den Müll, was am Montag noch auf dem Boden liegt«, fühlen sich machtvoll an, stellen aber eine Demütigung dar und verschlimmern die Lage nur. Im Zweifelsfall: Beweisen Sie mehr Ausdauer bei dem Thema als Ihr Teenie. Über hygienische Grundsätze hinaus verhält es sich mit dem Kinderzimmer wie mit Taschengeld – sie sollten voraussetzungsfrei gewährt werden und nicht ständig in Gefahr sein.

Kleidung: Solange Ihr Kind sich durch seine Bekleidung nicht in Gefahr bringt (und das wird nur sehr, sehr selten der Fall sein) – Klappe halten.

Partnerwahl und Sex: Wenn Sie mit der Aufklärung bis jetzt gewartet haben, ist es zu spät. Mit etwas Glück haben Sie noch *eine* Chance, Ihre wichtigsten Weisheiten loszuwerden. *Einmal* mit dem Kind hinsetzen und ihm sagen, was Ihnen zum Thema Sex und Liebe wichtig ist. (Vorher überlegen und vielleicht sogar üben.) Zu diesem Zeitpunkt ist weniger mehr! Ihr Kind wird Ihnen vermutlich mit versteinerter Miene peinlich berührt gegenübersitzen, aber drei bis vier Sätze werden zu ihm durchdringen.

Spätestens jetzt sollten Sie zumindest für sich selbst klären, was Sie beim Thema »Liebe« akzeptabel finden, und was nicht: Wie viel älter oder jünger darf der Freund oder die Freundin sein? Wie viel wollen Sie über den Freund oder die Freundin wissen, bevor die beiden allein und ungestört auf dem Zimmer sein dürfen? Sie müssen in dieser Hinsicht keineswegs cool und lässig sein (das schaffen Sie nämlich ohnehin nicht), allerdings werden junge Menschen zu großem Druck natürlich einfach ausweichen. So schwierig es hinzubekommen ist: Je klarer Sie sich über die eigene Position sind, umso unproblematischer, wenn Ihr Kind die Sache anders sieht.

Bevor Sie sich gegen »Das geht dich nichts an« zur Wehr setzen, versuchen Sie sich zu überlegen: Was wollen Sie? Ihr Kind will: möglichst viel allein entscheiden! Sie wollen (wahrscheinlich) seine Sicherheit gewährleisten. Wenn Sie sagen, was Ihnen wichtig ist, statt auf der Kontrollmöglichkeit an sich bestehen, lässt sich öfter beides unter einen Hut bringen.

Bin ich denn eure Putzfrau?

Jahrelang tut man alles für sie, weil es nicht anders geht oder weil es weniger Arbeit macht: Essenkochen, Tischdecken, Wäschewaschen, Staubsaugen, Aufräumen, Wäsche einräumen, Bad putzen, Müll rausbringen … Und wenn das verwöhnte Kind jetzt *ein Mal* helfen soll, spuckt es Gift und Galle. Unverschämtheit!

Und dann auch noch dieser freche Spruch – *Wer* ist denn hier die Putzfrau, bitteschön?

Kinder können fast von Anfang an mehr, als wir Eltern ihnen in unserem Beschützerdrang zutrauen. Haben wir unser Kindergartenschätzchen mit dem scharfen Messer hantieren lassen? Musste/sollte/durfte unser Grundschüler das gute Sonntagsgeschirr auflegen? Wenn überhaupt, gab es undankbare Aufgaben: Räum dein Zimmer auf! Bring den Müll raus! Mäh den Rasen!

Schnell fordert der Nachwuchs dafür Bezahlung – und zugleich gilt die vor allem Ehemännern sehr vertraute Regel: Wer eine Aufgabe nur schlecht genug erledigt, verschont sich beim nächsten Mal vor der Anfrage.

So bocken sich unsere Kinder lange durch, und dann sollen sie plötzlich etwas tun? Ohne Bonusmotivation durch Bargeld? Wieso, weshalb, warum?

Weil du kannst, und weil es nur fair ist! Aber wer die Mithilfe im Haushalt nicht von Kleinauf ganz selbstverständlich einfordert und zulässt, hat es jetzt schwer. (Weswegen dieses spezielle Problem übrigens bei alleinerziehenden Eltern deutlich seltener auftritt, hier »müssen« die Kinder alltagsbedingt Aufgaben übernehmen, sobald es geht, und die Eltern haben gar keine Zeit oder Kraft, ihnen dabei ständig über die Schulter zu gucken und nonstop korrigierend einzugreifen.)

Überlegen Sie sich gut, was Sie wollen.

• Geht es Ihnen vor allem um eine symbolische Aktivität, die in erster Linie eine Anerkennung Ihres Rundum-Sorglos-Services darstellen soll, suchen Sie sich besser einen anderen Weg zum Ziel. Wünschen Sie sich ein paar verbrannte Pfannkuchen zum Muttertagsfrühstück und im letzten Moment aus dem eigenen Garten geklaute Blumen zum Geburtstag. Oder fordern Sie einfach offen das Lob ein, das Ihnen zusteht: »Weißt du was, ich putze und wasche und koche, und ich möchte gerade mal hören, wie toll du das findest.« Kein Teenager ist so dumm, an dieser Stelle seinen undeutlich gemurmelten Dank zu verweigern.

• Wollen Sie aber wirklich ab jetzt und für die verbleibende gemeinsame Zeit eine andere Lastenverteilung erreichen – weil sich die Lebensumstände geändert haben, weil Ihnen danach ist, weil Sie es für richtig halten – dann stellen Sie sich auf eine längere Umgewöhnungsphase ein. Sie werden anfangs mehr Zeit für Bitten, Erinnerungen und Kontrolle aufwenden müssen, als wenn Sie die Arbeiten selbst erledigen. Um diese Situation nicht zu einem Machtkampf eskalieren zu lassen, kann es sinnvoll sein, vorher die »guten« und die »schlechten« Arbeiten möglichst gerecht zu verteilen. Und gerecht bedeutet in diesem Zusammenhang nicht, so wie Sie es für richtig halten. Vielleicht saugt Ihr Teenie gerne Staub, hasst aber Küchendienst. Vielleicht liebt er oder sie meditative Momente beim Abwaschen, sieht aber partout nicht ein, warum Wäsche gefalten werden sollte, bevor man sie in den Schrank stopft. Faustregel nach dem Comicstrip Calvin und Hobbes: »Einen guten Kompromiss finden alle ungerecht.« Je fairer allen Beteiligten die Abmachung erscheint, desto größer ist Ihre Chance auf deren Einhaltung, zumindest nach freundlichem Anstupsen.

In manchen Familien klappt es, einen Nachmittag der Woche zum gemeinsamen Aufräumtag zu erklären – dann ist man nicht allein mit der Drecksarbeit, sondern erlebt mit, dass alle anderen auch ihren Teil tun.

Falls keine Einigung zu erreichen ist, können Sie auch überlegen, *Ihr* Engagement einzustellen, bis Ihr Teenager einen für alle akzeptablen Kompromissvorschlag macht. Heißt: Sie decken nicht mehr für ihn oder sie mit, waschen seine/ihre Wäsche nicht mehr, etc. Aber Achtung: Manche Kinder fressen sich dann einfach bei den Freunden durch und ziehen wieder ihre dreckigen Klamotten von letzter Woche an. Die Taktik kann nur klappen, wenn sie nicht als offener Erpressungsversuch angelegt ist, sondern als ein Bemühen um ein Bewusstsein für Ihre Sichtweise.

Handys, Computer und Facebook gehören eben heute einfach dazu!

Im Unterschied zu vielen weithergeholten bis vollkommen absurden Behauptungen der Teenies stimmt diese: Handys, Computer, Facebook usw. gehören heutzutage zu unserem Alltag.

Dass Technik an sich weder gut noch schlecht ist, kann jeder nachvollziehen. Ebenso unwiderlegbar: Die meisten Erwachsenen nutzen Kommunikationsmedien noch weit mehr als unsere Kinder, schon weil die sieben Stunden wochentäglich in der Schule sitzen, während wir im Büro auf den PC starren, Facebook-Meldungen lesen und auf dem Smartphone private Mails checken.

Vor vierzig Jahren war man überzeugt, Fernsehen würde die nächste Generation Kinder total verblöden lassen – tatsächlich hat diese Generation einige der beeindruckendsten Erfindungen in der Geschichte der Menschheit hervorgebracht, darunter Handy, Internet und Facebook. Und das waren sicher nicht nur die von Kopf bis Fuß in Jute gekleideten Nicht-Fernseher. Mit den besorgten Pauschalisierungen ist das also so eine Sache.

Modernes Zeug, das Eltern unheimlich fanden, gab es vermutlich immer schon. Aber deswegen ist der Rückschluss »Lass laufen und reg dich einfach nicht so auf« noch lange nicht zulässig.

Ich glaube, Handy, Computer & Co. stellen deswegen ein so großes Problem dar, weil wir ja durchaus wollen, dass unsere Kinder die Geräte nutzen. Für Referate, zum Nachschlagen, um per

Mail mit Oma in Kontakt zu bleiben. Wir fordern Anrufe, wenn sie sich verspäten, und wollen, wenn wir in Sorge sind, dass sie ans Handy gehen (und nicht wenige Eltern liebäugeln zudem mit den Ortungsdiensten, die viele Smartphones inzwischen ermöglichen). Was wir *nicht* wollen, ist, dass unsere Kinder ihre Zeit »nutzlos« vertrödeln. Wobei man sehr lange darüber diskutieren und streiten kann, was »nutzlos« ist, und ob Zeit zu »vertrödeln« nicht sogar sehr nützlich sein kann (wenn auch wiederum vielleicht nicht nur mit Hilfe passiven Entertainments). Was wir auch *nicht* wollen, ist Missbrauch der Möglichkeiten: Zusammenkopieren oder gar vollständiges Herunterladen von Schularbeiten einerseits – sozialer Druck bis hin zum Mobbing andererseits.

Wie kann man die »schlechten« Eigenschaften eines Mediums verhindern, ohne auf die »guten« Eigenschaften ebenfalls zu verzichten? Gar nicht oder zumindest kaum, fürchte ich.

Erziehungsexperten plädieren daher für eine beiderseitige »Medienerziehung«. Einige Faustregeln:

- Nutzen Sie Fernseher und DVD möglichst nicht als Babysitter.
- Schauen Sie zumindest immer wieder mal Sendungen mit ihren Kindern zusammen an, auch wenn diese Sie nicht interessieren (das etabliert aber ein Verhaltensmuster, auf das Sie später zurückgreifen können)
- Zögern Sie Computerzugang und später vielleicht einen eigenen Computer soweit wie möglich hinaus. Das kann zum Beispiel damit beginnen, dass Sie Ihre kleinen Kinder im Zweifelsfall lieber nicht auf dem iPad »malen« lassen, sondern in einem Malbuch. Es kann auch bedeuten, für die ersten Referate gemeinsam in die Bibliothek zu gehen, statt die Infos aus dem Internet zu holen (Sie sparen die aufgewandte Zeit in gesparten Diskussionen locker wieder ein).
- Nutzen Sie selbst PC und Handy möglichst wenig, während Ihr Kind zu Hause ist, auch das verschafft eine Zeitverschiebung nach hinten.
- Ja, es ist finanziell eigentlich eine Schande, den alten Fernseher oder Rechner auf den Re-

cyclinghof zu fahren oder billig auf Ebay zu verscherbeln. Da kann man das Gerät doch auch ins Kinderzimmer stellen! Andererseits: Mit Ihrem Verkauf oder Ihrer Spende machen Sie jemand, der sich kein Neugerät leisten kann, eine Freude! Und »erzwingen« noch ein Weilchen länger, zumindest aus dem Augenwinkel mitzubekommen, was Ihr Kind wie konsumiert.

• Wenn Kinder »unbedingt« ein Handy »brauchen«, können sie sich auch an den Kosten beteiligen. Dafür müssen sie eine entsprechende Vereinbarung treffen (zum Beispiel: Anrufe nach Hause zahlen die Eltern, Anrufe bei Freunden und alle SMS zahlt das Kind) und einen Einzelverbindungsnachweis beantragen. Daraus ergibt sich bei jeder Guthabenaufladung eine Gesprächsmöglichkeit!

• Die Kids sind viel smarter und offener als Sie und können vielleicht noch kein WLAN einrichten, aber Apps bedienen und in Spielen »cheaten«. Lernen Sie mit Ihrem Kind gemeinsam, und machen Sie das auch zur Bedingung. Kein Netzwerk, kein »Kommunikationskanal« (wie

Chat, Mail, Kurznachrichten) ohne gemeinsame Test- und Kennenlernphase.

- Ich persönlich hasse Gewalt in Videospielen (und in Wirklichkeit) ebenso wie Horrorfilme. Ich kann auch Achterbahnen nicht ausstehen. Aber wenn ein Kind auf Achterbahnen, Horrorfilme oder Ego-Shooter steht, dann versuche ich zu trennen zwischen »Mag ich nicht« und »Sollst du nicht«. Das kann zusammenfallen, muss aber nicht. Meistens hole ich mir dann Rat von einem befreundeten Erwachsenen, der Ballerspiele, Instagram oder Rollercoaster liebt.
- Was den maßlosen Konsum oder die Abhängigkeit vor allem von sozialen Netzwerken angeht – die gibt es nicht nur bei Jugendlichen, sondern auch bei Erwachsenen. Das macht es nicht weniger problematisch, aber es ist kein »Teenie-Problem«. Um einer Sucht vorzubeugen, empfehlen Fachleute zum Beispiel einen medienfreien oder elektrogerätefreien Tag pro Woche – das gilt dann aber natürlich auch für die Eltern.

Wie in der Sexualerziehung gilt auch bei modernen Medien: Erklären Sie die »goldenen Regeln« mehrfach und schon lange bevor sie benötigt werden:

- Nur mit Leuten vernetzen, die man schon »in echt« kennt. Anfragen von Fremden ablehnen oder mit den Eltern gemeinsam besprechen.
- Niemals mit jemand treffen, den man nur aus dem Chat kennt!
- Nie den vollen Namen, Adresse, Telefonnummer oder Geburtsdatum angeben! Auch nicht die Daten von Eltern oder Geschwistern
- Nichts schreiben, was man nicht auch sagen würde!
- Wenn sich Ihr Kind unter Druck gesetzt fühlt, darf es sich jederzeit bei Ihnen Hilfe holen! (Und Sie schimpfen dann nicht, sondern helfen auch wirklich.)
- Keine Fotos von anderen ohne deren Einverständnis hochladen.
- Datenschutzeinstellungen auf Netzwerkseiten am besten mit den Eltern gemeinsam so einstellen, dass Fremde nicht mitlesen können.
- Keine peinlichen Geschichten oder Fotos ins Netz, auch nicht, wenn sie zugleich lustig sind,

und weder von sich selbst noch von anderen – unsere schlimmsten Aussetzer lassen sich nie mehr löschen, weil andere sie kopieren – und Jahre später hat man deshalb Probleme im Bewerbungsgespräch.

- Nicht mit Sex- oder Gewaltseiten angeben. Wenn andere dies tun, weggehen oder Thema wechseln.
- Keine illegalen Downloads! Unfair gegenüber den Urhebern – und Sie haften dafür!

Aus manchem besorgniserregenden Gamer der Siebziger ist inzwischen ein Softwaremillionär geworden. Andere sind aus der Spielabhängigkeit direkt in die daueralkoholisierte Langzeitarbeitslosigkeit übergewechselt, weil ihre »skillz« keinen Marktwert haben. Patentrezepte gibt's leider bei diesem Thema ganz und gar nicht. Mir hilft am ehesten der Versuch, so zu handeln, wie ich mir wünsche, dass meine Kinder später handeln – frei und selbstbewusst. Die Technik ist für mich da, nicht umgekehrt. Zugleich versuche ich mich an meine Kindheit zu erinnern. Ich habe »stundenlang« mit meinem besten Freund telefoniert (und kann mich beim besten Willen nicht daran erinnern, was wir uns so Überlebenswichtiges zu sagen hatten). Ich habe halbe Tage bei meinem anderen besten Freund mit der Carrerabahn gespielt. Ich habe meinen Lieblingssong eine Woche lang nonstop gehört – und dann nie wieder. Ich habe mich, als meine Eltern das erste Mal allein in Urlaub fuhren, zwei Wochen von nichts außer Zitroneneis ernährt – und mag es bis heute nicht mehr. Kinder und Jugendliche haben eine absonderliche Liebe zur Monotonie. Solange sich Abwechslung in der Monotonie ausmachen lässt, versuche ich, mich zu entspannen. Und im Fall neuer Medien, fit im Kopf und gut informiert zu bleiben, indem ich mich dafür interessiere, was sie da tun.

Das macht mich nicht cool. Aber klüger. Denn fast nichts ist so schlimm, wie es erscheint, wenn man keine Ahnung hat.

Außerdem nimmt Verständnis (im Sinne von: Kenntnis haben, inhaltlich verstehen) dem Thema die Coolness. Wenn man die Eltern nicht zur Weißglut treiben kann, indem man sie ausgrenzt und sie sich drüber ärgern, ist der halbe Spaß weg und die halbe Diskussionsgrundlage wieder da.

Ein paar Biere/Joints haben noch keinem geschadet

Alkohol, Zigaretten und Drogen sind – wie Handys und PC – vor allem deshalb ein schwieriges Thema, weil das alltägliche Verhalten der meisten Eltern von ihren Regeln deutlich erkennbar abweicht. Wenn Vater nach der Arbeit ein bis drei Bierchen braucht, um »runterzukommen«, wenn Mutter auf der Terrasse steht und quarzt – wieso sollten die Kinder es dann nicht nachmachen wollen?

Natürlich sind die gesundheitlichen Auswirkungen selbst legaler Drogen wie Alkohol oder Nikotin für Jugendliche größer (= gefährlicher) als für Erwachsene. Und es ist auch vollkommen richtig, dass vor allem Alkohol bei jungen Menschen noch schneller zu Katastrophen führt als bei Erwachsenen. Jugendliche versuchen dann eben noch besoffen nach Hause zu fahren oder infizieren einander volltrunken mit unerfreulichen Krankheiten – die Eltern taumeln meist bloß die Treppe hoch ins Bett und haben am nächsten Morgen einen dicken Kopf.

Trotzdem scheint die Lösung des Problems ganz einfach: Wenn Sie den Umgang mit Alkohol und Zigaretten nicht so vorleben können, wie Sie ihn sich von Ihrem Kind wünschen, dann fassen Sie sich an die eigene Nase und motten Sie Ihre klugen Sprüche ein.

Aus eigener Erfahrung: Irgendwann beklagte mein Hausarzt zu hohe Leberwerte. Wahrscheinlichste Ursache: zuviel Alkohol. Einfachste Diagnose: Einen Monat keinen Tropfen, dann neu messen. Verdammt, das ist mir aber viel, viel schwerer gefallen, als ich gedacht hatte und als mir lieb war. Wie die meisten von uns bin ich auch ganz gut darin, mir schön in die Tasche zu lügen. Aber die Kids sehen uns, wie wir wirklich sind. Damit müssen wir leben.

Wenn Sie die Gefahr von Alkohol- und Drogenkonsum wirklich ernsthaft beunruhigt, ist das beste, was Sie tun können, selbst keinen Alkohol zu trinken und keine Drogen zu nehmen. Und auch keine »lustigen« Heldengeschichten von damals zu erzählen, als sie voll auf dem Acid-Trip mit Ihren Freunden super Spaß hatten.

Tatsächlich lastet oft ein ganz schön unangenehmer Stress auf unseren Teenies – Leistungsdruck, Gruppendruck, und sich selbst kennenzulernen und auszuprobieren ist auch nicht immer nur erfreulich. Alkohol, Zigaretten und Drogen sind Möglichkeiten a) etwas zu tun zu haben, b) nicht aufzufallen, c) cool und lässig zu wirken, d) die Nervosität zu lindern. Die allermeisten Erwachsenen haben mit denselben Problemen zu kämpfen, nur ist unser Repertoire an Gegenmaßnahmen oft größer. Wir können uns zum Beispiel vom Ärger im Büro ablenken, indem wir einen Streit mit dem Partner oder dem Kind anfangen, über Abwasch oder Hausaufgaben. Wir können Sport treiben und Adrenalin verbrennen. Wir haben uns einerseits oberflächlich etwas besser im Griff, sind kontrollierter, haben andererseits aber auch inzwischen unauffälligere Methoden zum Stressabbau entwickelt.

Ich glaube, wenn man die Komponente »mithört«, dass es vielen Jugendlichen darum geht, es sich leichter zu machen, schmerzhaften Gefühlen auszuweichen, reagiert man anders. Und so unbequem und schwierig das ist – jedenfalls für mich persönlich – ich fürchte, die beste Erziehungsmaßnahme in diesem Bereich besteht darin, sich selbst so zu verhalten, wie man es sich von seinen Kindern wünscht.

In der Hoffnung, dass es eine vorübergehende Phase ist und man keine professionelle Trinkerkarriere subventioniert, kann man dem Kind anbieten, es abzuholen oder Taxikosten (gegen Quittung) zu übernehmen, um wenigstens Sekundärschäden zu vermindern. Der Grat zwischen Verständnis und Leichtmachen ist schmal.

Ich bin doch nicht euer Sklave!

Natürlich bestehen Beziehungen im Alltag auch aus »Deals«. Einer verdient mehr Geld, einer kümmert sich intensiver um Haushalt und Kinder. Ich bin freundlich zu dir, du bist freundlich zu mir. Du wohnst bei uns, wir waschen deine Wäsche, dafür bringst du den Müll raus oder mähst den Rasen. Wenn solche Absprachen dauerhaft missachtet werden, hat das Gründe und führt zu Problemen.

Doch das ganze Leben nur als »Deal« zu betrachten nach dem Motto »Wer zahlt, bestimmt«, und deshalb: »Solange du deine Füße unter meine Tisch stellst …« greift zu kurz. So darf und kann Familie nicht funktionieren, und das wollen wir eigentlich auch gar nicht.

Zwar kann man viele Alltagsprobleme auf diese Weise betrachten und sogar auf der Sachebene sehr konstruktive Lösungen finden (das Buch *Mehr Sex, weniger Abwasch* von Paula Szuchman und Jenny Anderson behandelt dieses Thema ebenso ausführlich wie amüsant). Und dass in einer Familie jeder seinen Teil beitragen muss, leuchtet schon Kindergartenkindern ein – Jugendliche haben das weder vergessen noch verlernt. Sie haben nur keine Lust dazu. Jedenfalls nicht »so«. Und ich glaube, da liegt der Hase im Pfeffer. In der Art und Weise, wie wir versuchen, unsere Teenies zur »Mithilfe« zu verpflichten.

»Du darfst erst an den Computer, Fernsehen, rausgehen, wenn du deine Hausaufgaben gemacht hast!« – »Ich wasche deine Wäsche und koche das Essen, da kannst du doch wohl mal den Müll rausbringen!« – »Wenn du eine 2 in der nächsten Mathearbeit schreibst, darfst du am Wochenende eine Stunde länger wegbleiben.« – Alles Beispiele für ökonomisch nachvollziehbare Wenn-Dann-Bedingungen (*quid pro quo*). Eltern betrachten das als Belohnungen für Wohlverhalten. Letztlich bürgert sich aber so eine Form gegenseitiger Erpressung ein. Du bekommst das, was du willst nur dann, wenn ich *vorher* bekommen habe, was ich will.

Klar, jeder kennt das Foto des superfetten Kahlkopfs Hand in Hand mit der Bikinischönheit: »Wer von beiden ist der Milliardär?« Natürlich sind Beziehungen ein Geben und Nehmen. Wenn sich jemand dauerhaft »unter Wert« behandelt fühlt, knallt es irgendwann. Zu recht.

Der Ausweg besteht aber nicht in immer mehr Handelsabkommen, Versprechungen, Bedingungen, Gegenforderungen und der Androhung von

Sanktionen. Denn so verlieren die Dinge, die Teenies zwar langfristig gut tun, die aber kurzfristig wenig Spaß machen (zum Beispiel lernen) endgültig ihren Wert. Fußballtraining oder draußen spielen sinken im Ansehen; was immer das Kind will (zum Beispiel fernsehen oder am Computer spielen) erscheint als Belohnung nun noch viel verlockender.

Aber: Wann leisten Sie mehr im Job? Wann bringen Sie Ihrer Frau Blumen mit oder backen Ihrem Mann einen Kuchen (oder was immer Sie füreinander tun, wenn Sie sich besonders gern mögen)?

Wenn Sie es »freiwillig« tun können!

Dabei ist das mit dem »freiwillig« so eine Sache. Überlegen Sie sich wirklich jeden Morgen im Bett: Ach, heute habe ich am allermeisten Lust darauf, mal wieder so eine richtig starke Präsentation abzuliefern? Oder: Wenn ich die Wahl aus allen Frauen oder Männern der Welt hätte, würde ich mich auch heute wieder nur für diese(n) entscheiden?

Also, ich nicht.

Den vorhandenen Rahmen, den wir uns irgendwann mal selbst gezimmert haben und in den unsere Kinder hineingeboren wurden, stellen wir ziemlich selten in Frage. Aber *innerhalb* des Rahmens würde ich gern so weit wie möglich mein eigenes Ding durchziehen, mir treu bleiben, meine Persönlichkeit entfalten, und so weiter und so fort. Wenn mir einer sagen will, was ich zu tun habe – Pech gehabt!

Und dabei habe ich sogar noch etwas zu verlieren, ich kann gekündigt werden oder meine Beziehung scheitert. Ein Teenager hat, zumindest war das meine Weltsicht, nichts zu verlieren. Das stimmt nicht wirklich, fühlt sich aber so an!

Sie treten also mit all Ihrem geballten Wollen an gegen jemand, der stets den Trumpf im Ärmel hat, Sie auflaufen lassen zu können. Wie wollen Sie denn jemand ernsthaft *zwingen*, Ihnen Blumen mitzubringen, Kuchen zu backen oder die bestmögliche Präsentation zu halten? Geht nicht. Darüber können Sie sich ärgern, bis Sie keine Luft mehr kriegen, es geht trotzdem nicht.

Können wir uns also abschminken.

Ich kann etwas von Ihnen *wollen*. Sie können auch was von mir *wollen*. Aber am Ende macht jeder von uns nur, was wir *selber* wollen.

Wie Sie damit bei Ihrem Teenie weiterkommen, bleibt Ihnen überlassen. Es gibt Familien, die arbeiten beinhart nur noch mit Belohnungen (= Erpressungen), die Eltern tun keinen Schlag mehr, wenn die Kinder keinen tun. Solange alle damit leben können, warum nicht? Es gibt auch Familien, die ständig aushandeln, wer was macht, wie sich möglichst alle möglichst gerecht und gut aufgehoben fühlen. Wenn das für sie gut geht, prima. In vielen Familien geht es kreuz und quer drunter und drüber, vor allem mit mehr als einem Kind, und noch vor allem mit mehr als einem Teenie, und auch das ist total in Ordnung. Ihr Job als Elternteil ist in dieser Sache, denke ich, am besten vergleichbar mit einem super Chef. Der ist nicht darauf aus, Anweisungen zu geben. Sondern alle paar Monate den Raum und die Offenheit zu schaffen, möglichst genau zu ermitteln, wer wo steht und die Arbeiten und Aufgaben der folgenden Zeit dann möglichst passend zu vergeben.

Das ist mein Leben, verdammt noch mal!

Wir Eltern wissen alles besser. Die Teenies zwar auch, aber wir wissen es in Wahrheit wirklich besser. Ist auch klar, wir sind ja älter. (Weswegen es uns auch ganz besonders stinkt, wenn unser Kind etwas kann, was wir nicht können, ob Webseiten programmieren oder alle Hauptstädte der Welt alphabetisch rückwärts aufsagen.)

Hat das Kind nun aber beispielsweise Freunde, die den Eltern nicht sympathisch sind, will ewig wegbleiben, scheußliche Musik hören, ausgedehnt fluchen oder gar mit irgendeiner dahergelaufenen Sandkastenliebe ins Bett gehen … dann aber Hallo!

»So geht das nicht, was glaubst du, wer du bist, in deinem Alter hatte ich noch Respekt vor meinen Eltern!« Letzteres eine Behauptung, die schon bei ihrem ersten Auftauchen an irgendeinem Höhlenfeuer der Urzeit gelogen war.

Solange das Kind klein ist, lassen sich die elterlichen Wünsche wenn nicht offen absolutistisch, dann eben geschickt hintenrum durchsetzen. Kleinere Kinder gehorchen besser, lassen sich eher überzeugen, und vor allem: sind zur Durchführung ohnehin auf uns angewiesen. Der Kindergeburtstag endet, wenn wir sie abholen. Die Freundin, die wir doof finden, hat leider nie Zeit für eine Verabredung. Die Musik nervt nicht so sehr durch lautstarkes Wummern, sondern eher durch schlagerhafte Monotonie, aber selbst die nervigsten Kinderlieder sind leichter auszuhalten als ein ganzer Nachmittag Hardrock, Rap, Elektro, Gitarrenrock, Girlgroups, oder womit immer Ihr Kind sich auf Dauerschleife von innen den Schädel feinsandet.

Diese Zeit ist um und kommt nie wieder. Abschied ist zwar schmerzhaft, aber wir wollen ja irgendwie eigentlich schon, dass unser Kind einen eigenen Geschmack entwickelt, Charakter hat, für seine Ziele eintritt, eigene Freunde findet. Nur bitte eben ohne Lernkurve, gleich aus dem Stand perfekt, ohne sich und uns dabei zu verletzten, so wie wir eben.

Geht nicht, Pech gehabt.

Fachleute raten noch aus einem weiteren Grund zu einer möglichst langen Leine. Wichtige positive Eigenschaften wie Hoffnung und Selbstwertgefühl bilden sich nur durch eigene schmerzhafte Erfahrungen. Erst durch das Scheitern lernen wir.

Ihr Beitrag dazu besteht nicht darin, die Erfahrung erzählerisch vorwegzunehmen oder an Stelle Ihres Kindes die Entscheidungen zu fällen. Sondern darin, da zu sein, wenn es sich die Wunden leckt. Und ihm dann das Gefühl zu geben: Das tut weh. Das kenne ich auch. Du gehörst zu mir.

In vielen Fällen verbirgt sich hinter dem ewigen Fragen und Bohren und Ändernwollen der Eltern auch einfach Angst. Was macht mein Kind? Ist es in Gefahr? Hat es die richtigen Freunde? Zerbröselt ihm nicht das Hirn von der lauten Musik oder dem täglichen Haarefärben?

Teenies machen Fehler, sie lernen die Welt in einer jahrelangen Testreihe »Versuch und Irrtum« kennen. Genau wie Kleinkinder, die zu laufen beginnen. Aufstehen, hinfallen. Aufstehen, hinfallen. Da fanden wir es niedlich. Heute finden wir es alarmierend. Der Unterschied besteht darin, dass wir unser Kind nicht mal mehr ab und zu auffangen können. Und sein Schmerz nicht mehr bei unserem Pusten gleich verfliegt.

Auch wenn es schwerfällt – je mehr Kontrolle wir abgeben und je mehr Interesse wir dabei zulegen, mit desto weniger Taumeln, desto weniger aufgeschlagenen Knien, desto weniger Herzschmerz, Teenagerschwangerschaften und Hörstürzen ist zu rechnen.

Ihr vertraut mir einfach nicht!

Alter Witz: Guck mal Mama, ohne Hände! Guck mal Mama, ohne Zähne! Kinder wollen alles »'leine« machen – und das ist gut so. Wir bestärken sie darin. Vor allem in den ersten Jahren, wo sie es im Detail zwar wollen, aber im großen und ganzen sowieso nicht können. Unser Status ist also nicht in Gefahr. Ein Kind, das schon alleine läuft, isst, durchschläft und auf Kommando ins Töpfchen macht, beeindruckt höchstens den Freundeskreis, will aber noch nicht ausziehen.

Weil sich Kinder jedoch so verdammt schnell weiterbilden, während wir mit unserem eigenen Leben beschäftigt sind, könn(t)en sie auf einmal

Sachen, die wir ihnen noch nicht zutrauen.Fast alles, was Kinder anstellen, geht irgendwie gut aus und hat möglicherweise sogar noch einen Lerneffekt. Das erst mal zur Beruhigung. Leider ändert diese Statistik nichts daran, dass ein verhängnisvoller Fehler im schlimmsten Fall lebenslange Konsequenzen haben kann für einen der Menschen, die wir am meisten lieben. Und wer will das schon?

Freunde, Urlaub, Ausgehen, Schule … alles thematische Dauerbrenner für eine Handvoll Pubertätsjahre. Natürlich können und sollen Sie nicht alles erlauben, was Ihr Teenie fordert – das Elternhaus ist kein Selbstbedienungsrestaurant mit defektem Kreditkartenlesegerät. Aber immer hart bei Ihrer Meinung zu bleiben, verzögert und vergrößert den bevorstehenden Knall nur.

Der US-Psychologe Phil McGraw brachte einmal ein mir einleuchtendes Beispiel. Sein Sohn wollte bis in die frühen Morgenstunden mit seinen Freunden auf die Piste. Die McGraws hätten ihn lieber um zehn Uhr abends im Bett gesehen. Die Fronten waren selbst im Psychologenhaushalt verhärtet. Was tun?

Der Profi fragte sich nunmehr: Was will ich wirklich? Und was will mein Sohn wirklich? Der Vater wollte seinem Sohn ja nicht den Abend vermiesen, sondern nur möglichst sicher sein, dass es ihm gut geht. Der Sohn wollte seinen Eltern keine Angst machen, sondern nur lieber Zeit mit seinen Kumpels verbringen. Im Anschluss überlegte McGraw: Wie kann man möglichst beiden Bedürfnissen gerecht werden? Sein Vorschlag: Um Mitternacht muss sich der Sohn kurz per Handy melden und preisgeben, wo er ist und wie er nach Hause kommen wird. Außerdem musste er auf telefonische Anfragen der Eltern zügig reagieren. In beiden Fällen war auch eine von den Freunden unbemerkte SMS vom Klo akzeptabel.

Ich war natürlich nicht dabei, aber McGraw schwor, dass es für alle Beteiligten funktioniert habe. Ich nenne solche Varianten familienintern den »dritten Weg«. Einer will A, einer will B. A und B schließen sich aus (oder zumindest scheint es so). Kann man nun eine Variante C finden, die für alle akzeptabel ist? Weil sie den Forderung A zugrundeliegenden Wunsch erfüllt, ebenso wie das Bedürfnis hinter B? Das gelingt öfter, als ich anfangs gedacht hätte, und vor allem entspannt es manche Streitsituation, wenn man aufhört mit dem ständig lauter werdenden »Nein!« – »Doch!« – »Nein!!« – »Doch!!« – »NEIN!« – »DOCH!« – »NEIN!!« – »DOCH!!«

Die Gefahr dabei: Schnell haben die Teenies raus, dass man mit mir fast immer verhandeln kann. Das ist meine Achillesferse, und natürlich versuchen sie, diese Schwachstelle auszunutzen. Die fürs Streiten eingesparte Energie brauche ich dafür, darauf zu achten und es zu vermeiden.

Im übrigen mache ich mit meinem Konzept des Vertrauensvorschusses mal gute und mal schlechte Erfahrungen. Die Grundannahme, wenn es nicht offensichtlich gefährlich oder unangemessen ist (was ohnehin mehr mit meinen Grundwerten zu tun hat als mit echter »Gefahr«), wird es schon gutgehen, bewahrheitet sich mehr als 50, aber geschätzt weniger als 75 Prozent. Das finde ich immer noch besser als die Umkehrvariante, bei der ein Teenie sich Vertrauen in einer bestimmten Sache erst durch entsprechendes Verhalten verdienen muss. Denn wie soll das gehen? Wie soll ich zeigen, dass ich verantwortungsvoll handle, wenn ich es nie darf?

Und wenn es mal nicht klappt, versuche ich im Kopf zu behalten, wie intensiv jedenfalls auf mich immer die elterliche Enttäuschung allein gewirkt hat. Da muss man nicht noch nachtreten. Wenn ich wusste, meine Eltern missbilligten mein Handeln, und sie ließen mich darüber hinaus in Ruhe (in dem Vertrauen, ich würde es beim nächsten Mal besser machen), hatte das den größten Impact. Weit mehr als schimpfen, reden, strafen, die mich immer nur in den Trotz trieben und damit zum Wiederholungstäter machten. Ich versuche davon auszugehen, dass die Kinder mich – auch als widerborstige Teenies – als Vorbild wahrnehmen, ob sie wollen oder nicht. Ein Vorbild poltert und lamentiert nicht, ein Vorbild hat eine andere Meinung, fertig.

Das passt zu der von einigen Erziehungsfachleuten vorgeschlagenen Strategie, die Einhaltung von bestimmten Regeln ausdrücklich zu fordern, aber keinerlei negative Konsequenzen anzudrohen oder folgen zu lassen. »Ich möchte, dass du um elf zu Hause bist, denn sonst mache ich mir große Sorgen.« Und dann kommt das Kind entweder um elf, oder es kommt nicht – aber viele Eltern berichten, dass die Kinder viel häufiger pünktlich kämen als in der Streitphase zuvor. Offenbar kommen sie aber trotzdem weiterhin manchmal nicht um elf.

Die wichtigste Frage in Sachen Vertrauen ist vielleicht: *Warum* vertraue ich meinem Kind in einer bestimmten Sache nicht? Liegt das an meinen Ängsten, meiner Jugend oder an meinen Erfahrungen mit *diesem* Kind? Und je nachdem: Was ist nötig, um das gewünschte Vertrauen entstehen zu lassen? Denn das wünschen sich beide Seiten am meisten.

Ich hasse dich!

Manche Teenies fluchen mehr, manche weniger. Genau wie Eltern.

Manche kleinen Mädchen sitzen ja auch auf der Schaukel auf dem Spielplatz und rufen fröhlich: »Ficken! Arschloch! Wichser!«, als hätten sie Tourette-Syndrom.

Manche hören wieder auf, wenn man sie nicht beachtet, andere machen weiter, werden lauter und gröber.

Es ist sehr unschön und unerfreulich, wenn unsere Kinder uns verfluchen. Noch unschöner und unerfreulicher ist es allerdings, wenn wir daraufhin unsere Kinder verfluchen.

Immer noch wird ja darüber debattiert, ob (manche) Kinder »nichts anderes verstehen als eine Ohrfeige«. Oft begleitet von der Rechtfertigung, man meine es ja gar nicht so, das Kind könne das schon einordnen, und überhaupt: Wie manch andere Eltern mit ihren Kindern *reden*, sei doch viel verletzender.

Kinder haben ein gesetzlich festgeschriebenes Recht auf körperliche Unversehrtheit, insofern hat die Ohrfeigen-Diskussion in etwa den Wert der Überlegung, ob es nicht doch irgendwie besser für Edeka wäre, wenn man seine Milch dort klaut, statt zu bezahlen. Nun ist sicher nicht jedes Gesetz automatisch sinnvoll, aber »nicht klauen« und »nicht hauen« erschließen sich recht gut, finde ich.

Was aber leider richtig ist: Worte können ebenso verletzen, wenn nicht sogar noch schlimmer. Die meisten aktuellen Eltern werden noch mit »Klapsen« oder ähnlichem groß geworden sein, die Großelterngeneration allemal – aber woran wir uns erinnern, war der böse Blick, das harsche Wort.

Deshalb: Wie skandalös unflätig Ihr Kind Sie auch beschimpfen mag, »Auge um Auge« ist für Idioten, lassen Sie sich nicht auf dieses Niveau herab. Nichts sagen geht immer, notfalls mit zusammengebissenen Zähnen: »Ich muss kurz rausgehen«, und dann kurz rausgehen. Bitte nicht das Kind aufs Zimmer schicken, das signalisiert nur »Dich will ich hier nicht«, und genau das ist ja das Gefühl, dessentwegen das Kind bereits so wütend ist. Schalten Sie aber auch nicht einfach auf Durchzug. Wer schreit, will gehört werden. Erst danach kann Ruhe einkehren.

»Es tut mir leid, dass du so fühlst.« Möglichst noch nicht mal nachsetzen: »Aber ich möchte nicht, dass du so mit mir redest.« Das weiß ihr Kind selbst, sonst *würde* es ja nicht so mit Ihnen reden!

Diese Ruhe zu bewahren ist unglaublich schwer, und die Teenies sind gut darin, uns immer wieder, immer wieder, immer wieder in den aller-, aller-, allerunpassendsten Momenten zu pieksen, zu provozieren, zur Weißglut zu treiben. Er oder sie tut das, höchstwahrscheinlich, aus Ratlosigkeit. Manchmal aus Ratlosigkeit darüber, wie er oder sie etwas erreichen kann (also Frustration über die eigene Machtlosigkeit). Oft auch aus Ratlosigkeit darüber, was eigentlich überhaupt nervt. Irgendwas fühlt sich doof an … aber was?

Teenies sind uns in dieser Hinsicht bereits viel ähnlicher, als uns lieb ist. Auch wir Erwachsenen sind oft von der einen Sache genervt und haben dann einen Streit über etwas ganz anderes. Und erkennen das erst zwanzig Jahre und drei Ehen später in einer Therapie. So ist das sehr wahrscheinlich auch bei Ihrem Kind. Alles hört sich wahnsinnig persönlich an, hat aber in Wahrheit mit Ihnen kaum etwas zu tun.

Je weniger inhaltlich Sie reagieren, desto besser. Das Streitthema ist sowieso egal.

Lange habe ich versucht, in solchen Situationen eine sozusagen buddhahafte Freundlichkeit an den Tag zu legen, was aber auch nichts brachte. Erst später wurde mir klar warum: Ich wollte nicht freundlich sein, ich habe nur so getan, als wäre ich freundlich. Es war ein Trick, ein Manipulationsversuch. Aber solche Abkürzungen bringen nichts. Das ist, als würde man eine Braut am Tresen abfüllen, um wahre Liebe zu erzeugen.

Manchmal läuft meine Tochter mit ihrer Videokamera durchs Haus, und meine Sorge ist nicht, dass sie die Aufzeichnungen ihren Freundinnen oder dem Jugendamt zeigt. Schlimmer als bei anderen ist es bei uns zu Hause auch nicht. Meine Sorge ist, dass ich mich nicht leiden könnte, wenn ich die Aufnahmen sähe. Und wenn ich mich nicht leiden kann – wie soll sie mich dann leiden können?

Der daraus zwangsläufig zu ziehende kategorische Schluss: Benimm dich jederzeit so, dass es als allgemeines Vorbild taugt. Ich weiß nicht, wer das könnte, was an seiner Richtigkeit leider auch nichts ändert.

Was guckst du mich so komisch an?

Das ansatzlose, vorwurfsvolle »Ey, was kuckssu so?« ist das Teenie-Äquivalent zum mütterlichen »Macht die Jeans mich dick?« Man steht da einfach so und lässt den Blick stolz über Ländereien und Besitztümer schweifen, oder zumindest über den Flachbild-TV und durch das Wohnzimmer, und das auf dem Sofa lümmelnde Kind fühlt sich angegriffen. Na toll.

Da hilft nur eins, wenn überhaupt: ein strahlendes, überzeugendes »Alles in Ordnung!« (gleichwertig mit dem niemals gelogenen: »Nein, gar nicht!« auf die heimtückische Jeans-Frage.) Davon geht der Missmut in beiden Fällen zwar leider selten weg. Aber mit Glück wird er nicht schlimmer.

Sie können dann einen Kakao machen, eine Cola holen oder das Lieblingsessen in den Ofen schieben – und vor allem: weiträumig ausweichen und abwarten. Manchmal fühlt man sich mies und kann nicht viel dagegen tun. Dann ist Rumzicken eine gute Ablenkung, macht die Sache aber dummerweise meist noch schlimmer.

Zeit jedoch heilt in diesem Fall tatsächlich oft die Wunden des Egos, woher sie auch kommen mögen. Morgen oder übermorgen sitzt die Jeans viel besser und wenn man vorsichtig auf Zehenspitzen an der Teeniezimmertür vorbeischleicht, schmeißt zur Abwechslung niemand mehr von innen eine Dose Steine dagegen.

Ja, es kann jederzeit wieder losgehen. Aber gerade ist Frieden, oder zumindest so etwas wie Waffenstillstand. Genießen Sie's.

Lassen Sie Teenie-Krisen nicht zu Eltern-Krisen werden

So sehr Ihr Teenie Sie auch »hassen« mag – kein Kind wünscht sich die Trennung der Eltern. Aber ein Prunkstück im Waffenarsenal des Pubertisten ist das Ausspielen der Elternteile gegeneinander. Noch vor ein bis zwei Generationen war praktisch Gesetz, dass Eltern »mit einer Stimme« sprechen müssen – und im Zweifelsfall lieber verbieten als erlauben sollten. Das gefiel keinem der Beteiligten. Groß diskutiert wurde das Thema dann zuerst bei Trennungskindern: Beim Vater gelten andere Regeln als bei der Mutter, wir können uns auch nicht einigen, was tun? Rat der Fachleute: nichts tun. Eltern sind unterschiedlich, Kinder sind nicht dumm – die kommen damit klar, dass man bei der Mutter länger fernsehen darf und beim Vater die Hausaufgaben gründlicher überprüft werden (oder umgekehrt).

Nachdem geschiedene Eltern sich diese Freiheit erkämpft hatten, wollten auch zusammenlebende Paare ein Stück vom Kuchen. Warum sollten nicht auch in einem Haushalt unterschiedliche Sichtweisen erkennbar werden? Schließlich sind die Eltern beide Individuen und wollen ihre Kinder ja auch zu ebensolchen erziehen!

Der Haken dabei ist: Zusammenlebende Eltern regieren im selben Reich (im Gegensatz zu den getrennt lebenden Elternteilen), und natürlich gehen die Kinder – auch schon, bevor sie Teenies werden – immer zu demjenigen, bei dem sie sich jeweils die größten Erfolgschancen ausrechnen. Wer je im Job zwei gleichberechtigte Chefs hatte, kennt das Prinzip.

Es lohnt sich deshalb, was immer Sie als »grundsätzlich« ansehen (Schulaufgaben, TV-Zeiten, Benimmregeln … es ist für jeden von uns und in jeder Familie anders) miteinander grundsätzlich abzustimmen. Das kann anfangs auch in einen zähen Kuhhandel ausarten, zum Beispiel weil ein Elternteil lieber streng auftritt, das andere bevorzugt *Laissez-faire.* Tun Sie sich und Ihren Kindern trotzdem den Gefallen, eine allgemeine gemeinsame Gangart zu bestimmen, es spart allen Beteiligten Kummer und Streit.

Unerfreulich geschickt sind Teenies aber vor allem in einer weiteren Disziplin, und ihr Können nimmt mit jedem Lebensjahr zu, als bekämen Sie das Talent ungefragt zum Geburtstag injiziert. Sie spüren jede noch so kleine Unsicherheit und schaffen es beeindruckend gewitzt, einen Keil zwischen die Eltern zu treiben – ein Hundeblick hier, ein empörtes Schnaufen da, schon haben Mama wie Papa ein schlechtes Gewissen, beginnen untereinander zu diskutieren, und geben schließlich erschöpft nach.

Es ist eine Variante des Müde-streitens, worin Teenies ohnehin Weltklasse sind – so lange stur weiterbohren, bis man entnervt das Handtuch wirft, um seine Ruhe zu haben. Nur lagern sie in diesem Fall den unerfreulichen Teil, nämlich das aufreibende Argumentieren und endlose Herumzicken, erfolgreich auf uns Eltern aus.

Daran können auf die Dauer Ehen zerbröseln. Faustregel der Experten: Wer den Konflikt angefangen hat, bringt ihn auch zu Ende – lassen Sie sich, auch wenn Sie danebensitzen, möglichst nicht in die Sache hineinziehen. (Hahaha, oder?)

Eine weitere Abart dieser oft lange unbemerkten Beziehungszerstörung betreiben viele Eltern ganz allein. Wer Teenies hat, hat Probleme und muss Entscheidungen treffen. Das Komische daran: Selbst beim dritten oder vierten Teenie in Folge gehen einem die Probleme und zu treffenden Entscheidungen nicht aus. Also reden wir darüber mit dem Menschen, den wir lieben, und der/die an der Entscheidung beteiligt ist. Wir versuchen, die optimale Lösung für unser Kind zu ermitteln. Wir informieren uns, überlegen, diskutieren, betrachten die Sache noch einmal aus einer ganz neuen Perspektive. Weil a) uns das Kind so wichtig ist und b) das Kind aber auch wirklich allesallesalles so wichtig nimmt, gerät man schnell in den Sog, ebenfalls jede kleine Befindlichkeit für entscheidend zu halten. Wir alle wollen die perfekten Eltern sein, wir wollen nicht aus Unüberlegtheit die falschen Vorgaben machen.

Kampf an allen Fronten

Aber häufig fallen Midlife-Crisis, berufliche Umbrüche und die Teenie-Jahre der Kinder zusammen. Man kämpft an allen Fronten, man kämpft und kämpft. Und verliert dabei sich, einander und die Teenies aus den Augen. Ja, viele Eltern trennen sich heute »schneller« als früher, schon in den Kindergarten- oder Grundschuljahren ihrer Kinder. Aber wer diese Zeit überstanden hat, ist – im Gegensatz zu den Kindern – nicht aus dem Gröbsten raus, sondern dem steht das Gröbste noch bevor. Den Teenies gerecht zu werden, sich selbst und dem Partner gerecht zu werden, sich auf den Abschied vom Kind einzustellen, mit der Erkenntnis klarzukommen, dass im Leben jetzt eben nicht mehr »alles geht«, sondern man vielleicht nur noch versuchen kann, es einigermaßen würdevoll bis zur Rente zu schaffen, und sich dabei dafür fitzumachen, dass man in ein paar Jahren nur noch zu zweit ist und der Partner nicht mehr nur aus Gewohnheit bleibt, sondern man für den/die andere(n) interessant sein muss … das ist hart.

Diese Situation wünscht sich niemand herbei, viele ignorieren sie möglichst lange, und sie anzuerkennen ist schwierig. Wenn Sie einander darin beistehen können, statt bis zur Einschlafgrenze über Schulnoten, Ausgehregeln und Sexsorgen zu sprechen – dann sind Sie super!

Ich bin überzeugt, Teenies wissen überhaupt nicht, wie ausgiebig wir uns mit ihnen beschäftigen, wieviel wir über sie nachdenken. Und das ist auch okay. Es ist an uns Erwachsenen, das zu realisieren und ab und zu auch mal etwas anderes zu tun, als um das Leben unserer Teenies zu kreisen. In Managementkursen kann man lernen, zwischen »wichtig« und »dringend« zu unterscheiden – nur wenige »dringende« Angelegenheiten sind auch »wichtig«. Für Teenies ist alles »wichtig« und »dringend« zugleich, sie reden zeitweise nur noch in **FETTGEDRUCKTEN GROSSBUCHSTABEN**.

99 Prozent der Dinge, die Ihnen als Teenager *super*dringend und *überlebens*wichtig erschienen, haben Sie mittlerweile vergessen. Und die paar Sachen, an die Sie sich aus Ihrer Jugend erinnern, ergaben sich vermutlich eher zufällig und nur selten aus sorgenvollen Überlegungen. Das heißt nicht, dass wir abwinken und die Nöte der Teenies nicht wichtig nehmen sollen. Es heißt, dass unsere Aufgabe darin besteht, Halt zu bieten und Ruhe auszustrahlen, nicht darin, auf alles sofort eine Antwort zu wissen und jeden Wunsch, wenn möglich, wahr werden zu lassen. Es heißt zum Beispiel: Wenn Sie dieses Buch in ein paar Minuten ausgelesen haben, dann denken Sie an sich und Ihre Beziehung, nicht noch weiter an Ihren Sohn oder Ihre Tochter. Das haben Sie für heute schon genug getan.

Eltern haben nicht nur ein Recht auf ein eigenes Leben, sie haben sogar eine Pflicht dazu, finde ich. Denn Eltern, die gut zueinander sind und gut miteinander umgehen, sind auch gute Eltern. Lassen Sie sich davon nicht ablenken durch den Trubel des Alltags.

Was Eltern sagen – und was sie damit wirklich meinen

Auch wir sagen oft gar nicht, was wir meinen. Was den Dialog zusätzlich erschwert. Eine kleine Hilfestellung, um sich selbst besser zu verstehen:

Gesagt.	Gedacht.
Vielleicht.	Eher nicht.
Mal sehen.	Auf keinen Fall!
Das passt toll zusammen	Horror! Bist du denn farbenblind?
Sagt wer?	Was für ein Unsinn!
Eines Tages wirst du mir dafür dankbar sein/das verstehen.	Ich hoffe, du vergisst die ganze Angelegenheit bald wieder.

Ich muss mal kurz aufs Klo.	Ich brauche dringend ein Glas Wein!
Ich brauche dringend ein Glas Wein!	Ich brauche dringend einen Schnaps!
Was denkst du denn selber darüber?	Was für eine bescheuerte Idee!
Aha …	Keine Ahnung, was du da redest …
Das ist ja prima!	Immer noch keine Ahnung, aber du klingst so begeistert!
Wirklich?	Spinnst du?
Frag deinen Vater/ deine Mutter.	Und wehe, der verbietet es dir nicht auch! Dann kann er/sie auf der Couch/ bei ihrer Mutter schlafen!
Ich hab dich lieb!	Ich liebe dich! Trotz allem und für immer!

Die 5 häufigsten Teenie-Typen

(und warum jeder Jugendliche eigentlich in alle Gruppen gehört)

Der Slacker

Slacker nannte man ursprünglich junge Leute in den USA, die versuchten, nicht zur Armee eingezogen zu werden. Sie waren häufig nicht bloß gegen den Einsatz von Waffengewalt zur Konfliktlösung, sondern begeisterten sich, sagen wir mal: für alternative Lebensstile. Ein paar Jahre zuvor hätte man sie als *Hippies* bezeichnet. Da die Bedeutung der Wehrdienstverweigerung mittlerweile abgenommen hat, auch weil genug junge Leute sich freiwillig melden, verschob sich die Bedeutung des Begriffes immer weiter in Richtung »Nichtsnutz«, wozu auch Richard Linklaters Film *Slacker* (deutscher Titel: *Rumtreiber*) beitrug.

Slacker sind gut darin, alles auf morgen zu vertagen, ungeliebte Tätigkeiten gleich ganz zu lassen, und entspannt in den Tag hinein zu leben. Das klingt, als müssten sie glücklich sein (wenn auch vielleicht nicht sonderlich erfolgreich), aber tatsächlich sind die meisten Slacker eher frustriert. Sie haben kein Ziel, finden keinen Sinn, sehen ihr eigenes Leben oft als nutzlos oder überflüssig. Die Grenze zwischen lässigem Slacker und leicht Depressivem ist fließend.

Großes Engagement entwickeln die meisten Slacker nur, wenn es um Musik geht. Mit Freunden abhängen und stundenlang Musikhören ist ihre liebste Freizeitbeschäftigung, möglichst viele Konzerte sind ein Muss. Dann wird den Eltern auch gern mal die Intention im Munde herumgedreht: Du sagst doch immer, ich soll endlich mal irgendwas unternehmen – jetzt will ich zum Auftritt einer unbekannten Indie-Band nach Stockholm, und du sagst wieder Nein!

Die meisten Slacker finden sich in Oberstufe und Studium – allerdings darf man sie nicht mit frustrierten »Null Bock«-Teenies verwechseln.

Slacker können durchaus Ehrgeiz entwickeln und Talent zeigen, nur eben bloß nicht in einem anerkannt nützlichen Bereich. Oft sind sie begnadete Skateboarder, Computerspieler oder Gitarristen. Ihr Hauptinteresse besteht allerdings eher darin, eine ganze Serienstaffel an einem Tag zu gucken oder so lange zu schlafen, dass sie beim Aufwachen nicht einmal mehr ahnen können, ob es Morgen oder Abend ist. Solange ein Slacker unter 25 ist und wenigstens ab und zu intensives Interesse an irgendwas zeigt, müssen Eltern sich keine Sorgen machen.

Der Streber

Aus Elternsicht ist es praktisch, ein Streber-Kind zu haben. Es belegt freiwillig die schwierigsten Fächer plus Zusatzkurse, nimmt Musikunterricht, trainiert für Sportwettkämpfe, und hat weder Zeit für zwielichtige Freunde noch für blödsinnige Fernsehserien.

Nur die wenigsten Streber sind jedoch glücklich in ihrer Rolle, oft haben sie aus der Not eine Tugend gemacht: Weil sie sozial unbegabt sind, haben sie keine Freunde gefunden, und um (wortwörtlich) nicht dumm dazustehen, stecken sie all ihre Energie in das Lernen.

Irgendwann wollen Menschen aber auch leben, und wer die Erfahrungen der Teenie-Jahre auslässt, muss sie vielleicht später nachholen. Diese superehrgeizigen Kinder verlassen die Schule manchmal ohne einen einzigen Freund, bei dem sie noch dreißig Jahre später nachts um zwei anrufen können, und ohne jemals Liebeskummer erlebt zu haben.

Damit will ich natürlich nicht sagen, es wäre schlecht, wenn ein Teenie gut in der Schule ist. Im Gegenteil. Das ist toll, freuen Sie sich darüber, genießen Sie es und seien Sie stolz darauf. Wenn Sie aber die Möglichkeit haben, am Rande des prallvollen Terminkalenders besonders menschliche Aktivitäten anzubieten, tun Sie das. Nehmen Sie Ihr Kind mit, wann immer und wohin auch immer es geht, Streber können sich überall gut benehmen. Second-Hand-Sozialkontakte sind bessere Erfahrungen als gar keine.

Der Nerd

Eltern verwechseln oft Streber und Nerds. Dabei war es lange Zeit ganz einfach, sie zu unterscheiden: Nerds trugen Nerd-Brillen (das sind diese kastigen Plastikgestelle, die man prima mit Klebeband flicken kann). Inzwischen sind die Brillen aber »in« (außer bei Strebern), so dass sie als Erkennungsmerkmal nur noch bedingt taugen.

»Nerds« sind – im Gegensatz zu Strebern – nicht ehrgeizig, und schon gar nicht breitflächig. Ihr Talent besteht darin, sich möglichst tief in ein Fachgebiet zu bohren, selbst wenn es dafür nicht den geringsten Grund gibt. Leute, die bei »Wetten, dass …?!« Mathe- oder Gedächtniskunststücke aufführen, sind Nerds, ebenso wie viele Programmierer und Forscher. Ein Problem um seiner selbst willen so lange zu drehen und wenden, bis man eine Lösung hat, ist »nerdig«.

Wenn Sie zurückdenken, dann hatten Sie bestimmt einen Mitschüler in der Klasse, der den Zauberwürfel mühelos lösen und dabei noch die aktuellen Top 100 aufsagen konnte. Das war der Nerd (bloß hieß er damals noch nicht so).

Ursprünglich war der Begriff abwertend gemeint, vor allem weil Nerds meist jede Sozialkompetenz fehlt. Seit jeder Nerd ein potentieller Internetmillionär ist, hat sich diese Sichtweise verändert, Nerd-sein ist inzwischen durchaus cool.

Im Gegensatz zum Streber, der streng zu sich selbst ist und sich antreibt, folgt der Nerd seiner eigenen Stimme und seinen Interessen, ist also intrinsisch motiviert und oft glücklich, auch wenn die Umwelt nicht verstehen kann, warum. Viele Nerds haben einen hohen IQ, aber kein Interesse daran, diesen außerhalb ihres Spezialgebietes zum Einsatz zu bringen. Nerds und Slacker ähneln sich in ihrer Begeisterung für Computer und Computerspiele und passives Entertainment (Musik, TV). Nerds produzieren aber dann und wann irgendwas, auch wenn Eltern vielleicht nichts damit anfangen können, Slacker gehen höchstens Mal mit dem Hund um den Block, um dabei heimlich zu kiffen.

Das Model

Die meisten *Models* sind Mädchen, haben zu viele Castingshows geguckt, zu ihren

Hobbies zählen »Shoppen und T-Shirts«, und entweder sind sie schon magersüchtig, oder sie wären es gern. In fast jeder Klasse gibt es auch ein oder zwei männliche *Models* – das sind Typen, die aufgrund guter Gene so betörend aussehen, dass keiner merkt, wie blöd sie sind. Aber Jungs muss das Dasein als Augenschmaus schon in den Schoß fallen, Mädchen streben eher danach.

Liegt das nun daran, dass Barbie jedes Jahr dünner und vollbusiger wird – oder wird Barbie jedes Jahr dünner und vollbusiger, weil die Mädchen (und die spielzeugkaufenden Mütter) darauf stehen? Keiner weiß es, aber wenn Sie noch ein Thema für Ihre Doktorarbeit suchen, viel Spaß.

Für Models zählt nur, wer gerade mit wem, wer nicht mehr mit wem, was die angesagten Stars gerade machen, und von welcher Marke die Klamotten sind, die sie dabei anhaben. Haut, Haare, Make-up, Nagellack und Glitzer, das ist ihre Welt. Viele dieser Möchtegern-Paris-Hiltons sind nicht dumm, aber sie haben natürlich schon lange raus, dass Schmollmund und Hüfte raus mehr bringen und weniger Arbeit machen als ein ausgefeilter Diskussionsbeitrag.

Ja, sie werden damit auf die Nase fallen. Ja, Schönheit ist vergänglich. Aber bis zu dieser Erkenntnis dauert es noch mindestens zehn, vermutlich eher zwanzig Jahre.

In den Krisen, welche die Teenie-Zeit fast zwangsläufig mit sich bringt (»Er hat mich verlassen«, »Sie hat dasselbe Top wie ich an«) sind auch Models gezwungen, sich mit ihren Gefühlen auseinanderzusetzen, und oft helfen ihnen ihre ebenso hohl und oberflächlich erscheinenden Freundinnen viel besser, als man vorher ahnt. Das Leben ist, gottseidank, kein Hollywoodfilm, in dem nur das hässliche Entlein einen guten Charakter hat, die hübsche Blondine aber bloß ein kaltes Herz.

Wichtiger als bei anderen Kindern ist es, die Ernährung im Auge zu behalten. Bei Mädchen besteht die Gefahr der Magersucht, bei Jungen geht die Tendenz eher zur Einnahme von Steroiden und anderen »Nahrungsergänzungsmitteln«. Das ist ein komplexes Fachthema – wenn Sie also das Gefühl haben, Ihr Kind nähert sich diesen Extremen, holen Sie sich möglichst rechtzeitig Infos und Tipps vom Kinder- und Jugendarzt, der Ihnen gegebenenfalls auch weitere Anlaufstellen nennen kann.

Der Normalo

Die allermeisten Teenies fallen in keine der oben genannten Kategorien, und doch in alle zugleich. Der Standard ist: heute Slacker, morgen Nerd, zwischendurch auch mal ganz überraschend Streber (aber nicht lange genug, um wirklich Boden zu gewinnen), und dann ein paar Stunden im Bad, tausend rotgedrückte Pickel, ein leergemalter Abdeckstift und straff zurückgegelte Locken. Pubertierende Kinder wechseln die Persönlichkeit schneller als ein Chamäleon die Farben. Es ist, als wollte man beim Zappen am Samstagabend versuchen, vier Spielfilmen gleichzeitig zu folgen. Kopfschmerz garantiert.

Der Normalo ist zugleich die beste Tarnung. Man ist nicht richtig schlecht (dann gälte man unter den Mitschülern als dumm) aber auch nicht richtig gut (dann gälte man als Streber, was uncool ist). Man tut so lässig man kann (cool), erklärt aber auch irgendein obskures Thema zum Fachgebiet (Nerd: cool). Und sieht dabei so gut wie möglich aus. Gerade dieser Wunsch, der uns Erwachsenen, die mit den Augen der Jugend betrachtet schon längst nicht mehr gut aussehen, so unverständlich scheint, basiert dabei vielleicht noch am meisten auf dem, was wir unseren Kindern beibringen. Ja, wir wollen, dass sie eigenständige Menschen werden und ihr Selbst entwickeln. Mehr als das aber wollen die meisten von uns, dass sie »vermittelbar« sind. Auf dem Jobmarkt. Auf dem Beziehungsmarkt. Wir wünschen ihnen nicht, dass sie allein und arbeitslos enden. Sondern eine glückliche Partnerschaft und einen erfüllenden, gut bezahlten Beruf. Im besten Fall sind sie jederzeit in der Lage, den perfekten ersten Eindruck zu hinterlassen.

Und wie geht das am leichtesten? Eben: möglichst gut aussehen, möglichst lässig wirken, und in irgendwas Überraschendem richtig gut sein.

Tja. Selbst schuld.

Die 5 häufigsten Elterntypen

(und warum jedes Elternteil eigentlich in keine dieser Gruppen gehört)

Der beste Freund/Die beste Freundin

Vaters Boxershorts hängt halb aus der Jeans, die Sneakers sind zerfetzt und natürlich nicht zugeschnürt. Mutters Rock ist kürzer als die Oberschenkel erlauben. Und zum morgendlichen Abschied gibt's keinen Kuss, sondern einen lässigen Knuff gegen den Oberarm.

Eltern fühlen sich heute jünger denn je, die Bekleidungsvorschriften in allen Branchen außer Totengräber haben sich gelockert – was soll so schlimm daran sein, wenn Eltern cool drauf sind und Verständnis für ihre Kinder haben?

Erstens: In 99,9 Prozent aller Fälle ist die Tatsache, dass wir etwas tun oder tragen, was unsere Teenies auch tun oder tragen, ein sicherer Indikator für Oberpeinlichkeit. Kleine Jungs, die mit Schuhcremeschnauzer und Aktentasche die Auffahrt auf dem Weg zur »Arbeit« hinunterstapfen sind niedlich, Väter auf Longboards nicht. Kleine Mädchen, die am Spielherd stehen und Pfannkuchen bügeln, sind niedlich, Mütter in zu engen Rip-Jeans nicht. So sehr wir das Altern auch hassen mögen – so zu tun, als wären wir unsere eigenen Kinder, macht uns nicht jünger.

Zweitens: Wie sollen die Teenies denn einen eigenen Stil finden, wenn wir ihnen alles nachmachen, und oft noch mit weit mehr Entschlossenheit und Geldeinsatz? Woran sollen sie sich reiben, was sollen sie blöd und vorgestrig finden? Unser Job besteht nicht darin, der »beste Kumpel« unserer Kinder zu sein und alles mitzumachen, dafür haben sie ihren besten Kumpel. Unser Job ist: Vorbild. Nicht Nachahmer.

Die Helikoptereltern

Helikoptereltern schweben (wie der namensgebende Hubschrauber) ständig über ihren Kindern. Sie mischen sich in alles ein, wissen alles besser, wollen immer mitreden und nehmen ihrem Kind ab, was immer möglich ist. Jeder weiß, dass das für die Lernerfolge kleiner Kinder ungünstig ist, aber der Negativ-Effekt ist kaum sichtbar, denn selber essen und laufen lernen die Kinder trotzdem, auch wenn jemand sie ständig auffängt und ihnen selbst in der Grundschulzeit noch ein Löffelchen für Tante Uschi reinzwiebelt. Problematischer gestalten sich dann schon die Gespräche mit der Klassenlehrerin, wenn das Kind für das von der Sekretärin am Wochenende erstellte Referat nur eine Zwei gekriegt hat. Spätestens wenn ein Kind ausgezogen ist, aber weder allein Wasser kochen noch Wäsche waschen kann (ganz zu schweigen davon selbst Geld zu verdienen für die deshalb nötigen Restaurant- und Reinigungsbesuche), wird es schwierig. Aber selbst in dieser Phase halten sich Eltern dieses Typs für hilfreich bis ehrgeizig, nicht für Störenfriede der Entwicklung.

Die Tigermutter und der General

Das Gegenteil der überfürsorglichen Helikoptereltern, die stets um ihre Teenies herumschwirren, um ihnen irgendetwas abzunehmen, sind »Tigermütter« und »Generäle«.

Battle Hymn Of The Tiger Mom (wörtlich: Kampfruf der Tigermutter, deutscher Titel: *Die Mutter des Erfolges. Wie ich meinen Kindern das Siegen beibrachte*) heißt ein in den USA viel diskutiertes und umstrittenes Buch von Amy Chua, in dem die chinesischstämmige Autorin die sehr strenge, leistungsorientierte Erziehung ihrer Kinder verteidigt.

Väterliche Strenge hat oft etwas Soldatenhaftes, deshalb sind sie keine »Tigerväter« sondern »Generäle«. Auch sie erwarten, dass ihr Wort nicht nur im Job, sondern erst recht daheim Gesetz ist und befolgt wird. Schließlich wissen sie Bescheid und wo es langgeht. Das ist auf Elternabenden immer eine ganz erfreuliche Abwechslung von der gefühligen Unsicherheit mancher Männer, die längst aufgegeben haben, Frau und Nachwuchs Widerstand zu leisten, und sich ängstlich durch vermintes Gebiet tasten. Aber so sehr Teenies sich nach den berühmten Grenzen sehnen mögen, und so hilfreich es im Einzelfall ist, ein talentiertes Kind früh und intensiv zu fördern – dummerweise können Eltern sich leicht in dieser »Wir hier oben, du da unten«-Welt bequem einrichten.

Helikoptereltern wie Tigermütter/Generäle meinen es gut, und gegen hohe Ansprüche an das eigene Kind ist ja auch nichts zu sagen. Es sei denn, man projiziert nur seine eigenen Wünsche auf den Teenie, statt auf diesen zu achten. Aber die einen fordern tendenziell manchmal ein wenig zu viel, die anderen wischen dem Kind tendenziell ein paar Jahre zu lange noch den Po ab. Beides nicht gut für die Entwicklung.

Die Antiautoritären

Du, das macht mich ein Stück weit auch wirklich richtig betroffen. Also, wirklich. Dass ich jetzt da so einfach in dem Buch steh. Also, so hatten wir das nicht vereinbart.

In der Theorie finde ich antiautoritär sein toll. Man macht sich einfach keinen Stress und lässt den Dingen ihren Lauf. Wie angenehm.

Ach, wie? Das ist gar nicht die Theorie? Wie schade! Die Theorie der antiautoritären Erziehung beinhaltet sehr wohl eine Erziehung (und somit auch eine Hierarchie und einen oder mehrere, die vorgeben, wo es lang geht). Nur sind die *Mittel* eben nicht mehr autoritäre Befehle, sondern … tja, äh, und genau da wird es schwierig. Was füllt in der antiautoritären Theorie das Vakuum der nun fehlenden »autoritären« Ansage? Darüber herrscht Unklarheit.

Die Theorie ist längst vom Tisch, geblieben sind uns die Erkenntnisse:

• Unsere Kinder bloß harsch rumzukommandieren, verletzt sie, und zwar fürs ganze Leben.

• Erziehung mit den Kindern gemeinsam zu gestalten, statt sie ihnen zum Fraß vorzusetzen, bereichert die ganze Familie und verbessert den Erziehungserfolg.

• Mit Autorität erzieht man zu Kanonenfutter (und genau das war ja auch das Ziel in der preußischen Kaiserzeit, in der Weimarer Republik und im Deutschen Reich); mit Offenheit erzieht man zu Freidenkern, Erfindern, glücklichen Menschen.

Gerade weil die Autorität und das Beschämen bei uns Deutschen noch tief verwurzelt sind, schießen wir in der verzweifelt gut gemeinten Gegenbewegung leicht über das Ziel hinaus.

Oft, so meine Erfahrung, schlüpfen speziell Eltern, die keine große Lust haben, über Erziehung nachzudenken, oder die einfach mit sich und ihrem eigenen Leben gut ausgelastet sind, unter das »antiautoritäre« Mäntelchen. Ihr lapidares Motto: Groß werden sie alle.

Meiner Ansicht nach gibt es einen entscheidenden Unterschied zwischen »nicht kümmern« und »nicht eingreifen«. »Nicht eingreifen« ist, glaube ich, oft sehr gut. »Nicht kümmern«, sich nicht interessieren, ist verletzend. Und so war antiautoritäre Erziehung nicht gemeint. Kinder blindlings kloppen lassen, bis einer blutet – schlecht. Kinder ihre Konflikte selbst schlichten lassen, und dabei möglichst wenig vorzugeben – gut.

Die Liberalen

Liberale Eltern wählen oft auch liberal und glauben an die höchstmögliche Freiheit des Einzelnen, an möglichst wenige Regeln und Vorschriften. Eine interessante These, denn die Kindheit ist ja kein »Produkt«, der Klassenverband oder Freundeskreis kein »Markt«, der sich »selbst regulieren« kann.

Liberale Eltern sind häufig vor allem deswegen liberal, weil sie wirklich keine Zeit haben, sich dauernd um alles zu kümmern. Das – im Zusammenspiel mit einem großen Haus, einem vollen Kühlschrank, einem Pool und einer Playstation – macht ihre Kinder zu den tollsten Freunden, die man haben kann.

Die meisten liberalen Eltern sind beruflich erfolgreich – Ärzte, Anwälte, Unternehmensberater – und sehr gut gebildet. Sie geben ihren Ehrgeiz, ihre Erwartung und ihr umfassendes Grundwissen fast automatisch an ihre Kinder weiter.

Daran ist nichts falsch, oft sind die Kinder damit auch sehr happy. Und warum nicht, bessere

Startchancen ins Leben kann man kaum kriegen. Ich sehe zwei Gefahren:

• Die »Freunde« kommen, weil das Haus so geil und die Eltern nie da sind. Und man denkt, es wären echte Freunde, auf die man sich verlassen kann. Besonders schwierig ist diese Situation für Kinder, die nicht unbedingt dem Weg der Eltern folgen und die Kanzlei oder Praxis übernehmen wollen – ihnen fehlt bei so viel Freiheit manchmal der Halt oder eine alternative Orientierungsmöglichkeit.

• Der Teenie ruht sich auf den Lorbeeren der Eltern aus, statt irgendwann dann doch mal selbst Tritt zu fassen.

Beides nicht häufig, kommt aber vor.

Eine derart liberale Erziehung *ohne* das entsprechende elterliche Standing (= Erfolg als Vorbildfunktion und Latte, die das Kind letztendlich doch nicht reißen will) führt vermutlich direkt zum intravenösen Konsum von RTL2 und ist nicht zu empfehlen.

Im Gegensatz zu den Teenies, die es irgendwie schaffen, alle Klischee-Eigenschaften ständig changierend auf sich zu vereinigen, sind die meisten Eltern viel langweiliger und durchschnittlicher als sie glauben, und gehören somit zu keiner der genannten Gruppen.

Eltern geben sich viel Mühe, scheitern, stehen wieder auf, machen weiter. Je länger ich dabei bin und je mehr ich darüber nachdenke, desto überzeugter bin ich: Wir sehen das alles viel zu ernst. Wir kümmern uns zu viel – und vor allem kümmern wir uns oft um die falschen Sachen.

Wir müssen uns bemühen, die Seele unserer Kinder stark zu machen. Sie zu lieben wie am ersten Tag.

Viel Glück!

Buchempfehlungen

Zum Weiterlesen aus meiner Sicht besonders empfehlenswerte Bücher:

Brené Brown: Verletzlichkeit macht stark: Wie wir unsere Schutzmechanismen aufgeben und innerlich reich werden. München, 2013.

Jesper Juul/Knut Krüger: Was Familien trägt. Werte in Erziehung und Partnerschaft. Ein Orientierungsbuch. Langensalza, 2009.

Myla Kabat-Zinn/Jon Kabat-Zinn: Mit Kindern wachsen. Die Praxis der Achtsamkeit in der Familie. Freiburg, 2007.

Matthias Kalle/Tanja Stelzer: Der Elternknigge. Darf Papa auf dem Spielplatz rauchen? Ein unprofessioneller Erziehungsratgeber. London, 2010.

Anja Maier: Die Pubertistin. Die willste nicht geschenkt haben! Bergisch Gladbach, 2010.

ISBN 978-3-85179-259-1

Covergestaltung: Christina Krutz, Biebesheim am Rhein
Layout und Satz:
Christine Paxmann text • konzept • grafik, München
Druck und Bindung: Finidr

www.thiele-verlag.com